TÔ PERDIDO!

Mudança e Gestão da Carreira

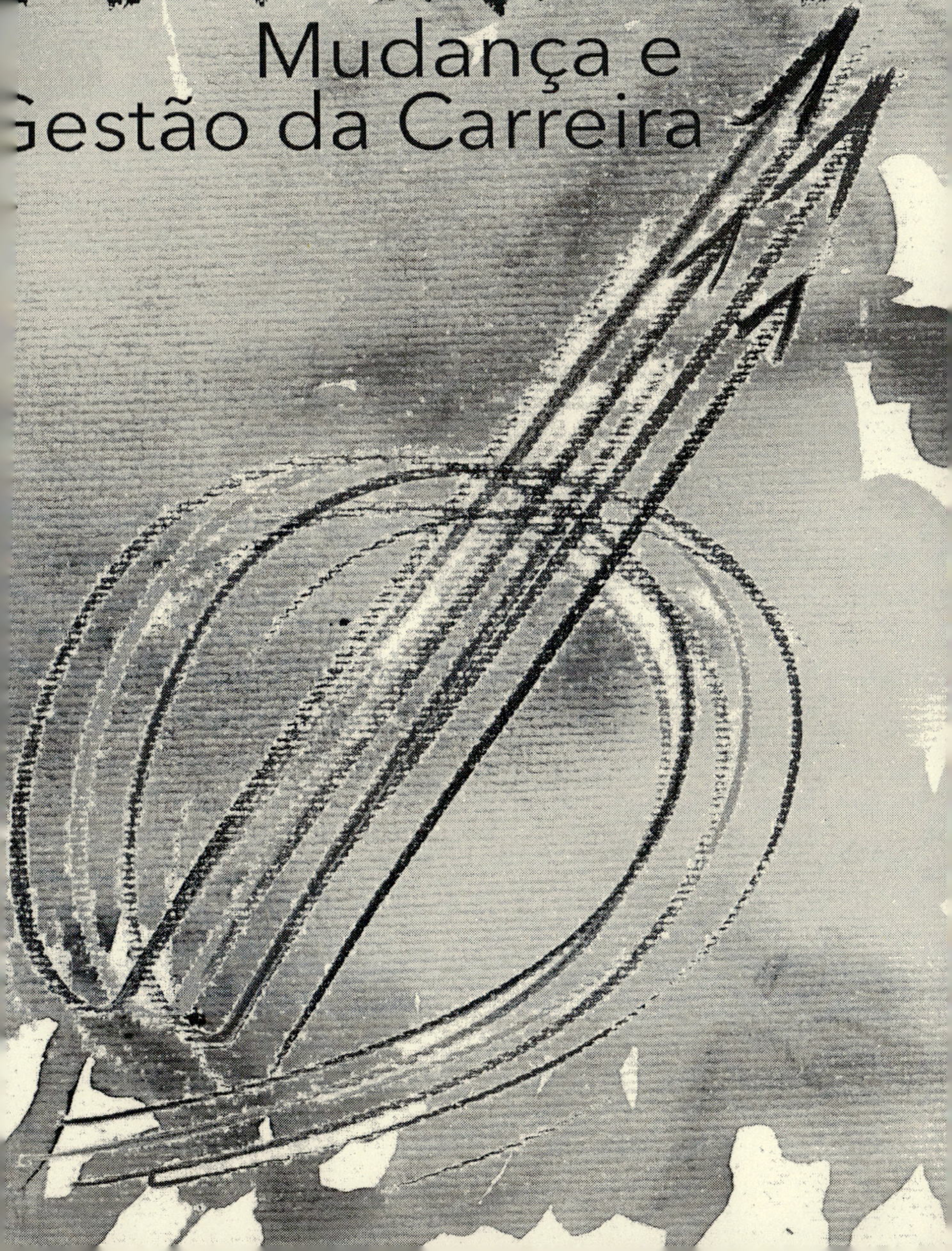

ADRIANA GOMES

TÔ PERDIDO!

Mudança e Gestão da Carreira

2ª edição revisada e ampliada

QUALITYMARK

Direção Editorial	Produção Editorial
SAIDUL RAHMAN MAHOMED editor@qualitymark.com.br	**EQUIPE QUALITYMARK**

Capa	Editoração Eletrônica
ADRIANA GOMES **FÁBIO MESTRINER**	**PS DESIGNER**

CIP-Brasil. Catalogação-na-fonte
Sindicato Nacional dos Editores de Livros, RJ

G615t

Gomes, Adriana
Tô Perdido! : mudança e gestão da carreira / Adriana Gomes. – 2. ed. – Rio de Janeiro : Qualitymark Editora, 2017.
208 p. ; 21 cm.

Inclui bibliografia
ISBN 978-85-414-0325-2

1. Mentores nos negócios. 2. Empregados – Treinamento. 3. Executivos – Treinamento. I. Título.

14-14011 CDD: 658.3124
CDU: 658:310.845

2017
IMPRESSO NO BRASIL

Qualitymark Editora Ltda.
Rua Teixeira Júnior, 441 – São Cristóvão
20921-405 – Rio de Janeiro – RJ
Tel.: (21) 3295-9800
www.qualitymark.com.br
E-mail: quality@qualitymark.com.br
Fax: (21) 3295-9824

Dedicatória

Ao meu amado filho Arthur Guilherme, que está construindo sua identidade profissional com todos os desafios que essa jornada proporciona.

Fábio Mestriner, que com seu amor torna minha vida mais feliz e me estimula sempre com sua inteligência e bom humor.

E a todos os profissionais que se sentem perdidos e buscam em minha experiência alternativas para também serem felizes em suas carreiras.

Agradecimentos

Primeiramente, destaco a gratidão aos meus clientes, que confiam suas vidas em minhas mãos nos processos de Orientação de Carreira. Com eles aprendo muito e sempre. Em especial, obrigada Ana Carolina Itzaina, Leandro Gheti Kao e Maria do Carmo Antunes, que contribuíram diretamente com o conteúdo ao compartilharem histórias e experiências de vida, com o intuito de ajudar outras pessoas que sofrem e passam por situações semelhantes às quais viveram.

Agradeço a Juliana Acquarone Rocha pela contribuição no capítulo sobre Senioridade e Trabalho, os tempos atuais nos informam que viveremos mais e o trabalho, além de fonte de renda, representa inclusão social. Temos um enorme desafio para lidar com preconceitos e adequação às novas exigências no e com o trabalho. Denise Cavicchiolli, pela contribuição com o capítulo sobre Planejamento Financeiro, imprescindível para que os objetivos e metas sugeridos neste livro possam ser atingidos. Agradeço também à Luciene Falchi, Joaquim Maria Botelho pelas contribuições precisas e pelas revisões impecáveis, um verdadeiro "alfaiate das palavras". Aos ex-clientes e amigos pelas sugestões Daniel Magnoni, Marta Blanco, Wagner Vendrame, Rosane Schotgues Levenfus.

A todos, minha gratidão.

Sumário

Apresentação

"Há os que se queixam do vento. Os que esperam que ele mude.
E os que procuram ajustar as velas".
William George Ward

Quando tudo parece perdido e o horizonte mostra-se nebuloso, Adriana brinda o leitor-navegador com essa bússola, uma história de vida inspiradora. Experiência é o que se adquire quando nem tudo sai do jeito como esperávamos. Anos e anos mapeando a própria carreira e salvando náufragos por tempestades, abalos e encalhes, Adriana venceu surpresas e ousou a atravessar os sete mares junto aos clientes. Experiente, com ótima bagagem, mostra que é possível remanejar a carreira e ensina neste livro o ajuste de velas, a leitura do barômetro, a boa pegada no timão. Ninguém melhor do que ela para abordar este assunto, já que é exemplo da busca incessante por realização profissional e, como o leitor sabe: um exemplo vale mais que mil palavras.

Infelizmente, o livro mostra que a maior parte da população mundial, por diferentes motivos, é infeliz no trabalho. Sente-se perdida, sem saber como resolver a questão. Entra em zonas de estresse diário que afeta sua saúde física e psíquica, e respingando nas relações familiares e sociais.

Adriana ensina que não precisa ser assim! Este livro auxilia na identificação de fatores pessoais e externos que podem interferir na realização profissional e abre portas para mudanças. Transmite, com maestria, a ideia de que é possível dar rumo à carreira. Generosa, a autora teve a preocupação de estender sua experiência para além das quatro paredes de sua profissão. Com oauxílio de relatos dos clientes, orienta o como fazer.

Gosto muito da fábula atribuída ao escritor francês Charles Péguy (1873-1914) sobre sua peregrinação à Chartres. Ele ia todo ano, a pé, na Catedral agradecer à Virgem Santíssima pela cura de um de seus filhos. Em uma dessas andanças, *Péguy vê à beira da estrada um homem partindo pedras com um grande malho. Tem a infelicidade estampada no rosto e raiva nos gestos. Péguy para e pergunta: – O que está a fazer, senhor? Não vê – responde o homem – que só consegui este trabalho estúpido e doloroso? Um pouco mais longe, Péguy vê outro homem, também a partir pedras, mas o seu rosto é calmo e os gestos são harmoniosos. – O que está a fazer, senhor? – pergunta-lhe Péguy. – Ora, bem, ganho a vida graças a este trabalho cansativo, mas tem a vantagem de ser ao ar livre, responde-lhe. Mais longe ainda, um terceiro pedreiro irradia alegria. Sorri ao bater com o malho e observa com prazer os bocados de pedra. – O que está a fazer? – pergunta-lhe Péguy. Eu responde o homem? Estou a construir uma catedral!*

Adriana enfatiza a importância do trabalho na vida das pessoas para além da empregabilidade ou mera ocupação. O discurso dela vai ao encontro do desejo de todos: ter prazer, gostar daquilo que faz.

Depois deste livro, nenhuma pedra passará em vão por seu caminho. Todas poderão ser úteis na construção de seu sonho. No fim, tudo dá certo. Como disse Fernando Sabino –*Se não deu certo é porque ainda não chegou ao fim*!

Rosane Schotgues Levenfus
*Psicóloga clinica e orientadora vocacional, mestre em Psicologia Clínica pela Pontífícia Universidade Católica do Rio Grande do Sul (PUC-RS), especialista em Neuropsicologia pela Projecto/FADERGS/CFP.
Sócia-fundadora e presidente da Associação Brasileira de Orientadores Profissionais (ABOP) para o biênio 2005/7 e 2013/2015.*

Introdução

Conheci a profa. Adriana há mais de dez anos, ao procurar uma especialista em carreira para auxiliar a Escola Superior de Propaganda e Marketing (ESPM) a disponibilizar um serviço de apoio ao desenvolvimento profissional e na transição de carreira. O curso é para estudantes dos cursos de pós-graduação e especialização da instituição.

Desde o primeiro contato fiquei muito bem impressionado com duas características marcantes: (1) desejo sincero de auxiliar o outro e (2) conhecimento profundo dos processos de mudança e transição profissional, seus medos e suas angústias, o anseio pela realização, e as consequências, inclusive físicas, da convivência com uma situação pouco saudável. De lá para cá, o que foi uma primeira aproximação muito produtiva tornou-se uma admiração sincera, na medida em que pude acompanhar o seu trabalho à frente do Centro de Carreira da Pós-Graduação da Escola.

Portanto, é com grande alegria que vejo Adriana se propondo a expandir ainda mais o alcance de sua vivência, ao escrever *Tô Perdido!: Mudança e Gestão da Carreira*. Com grande experiência, tanto como profissional de empresas quanto como orientadora de carreira, com sua prática bem sucedida de consultório que já lhe permitiu ajudar inúmeras pessoas, ela acumulou aprendizado sobre o assunto para escrever este livro, ao mesmo tempo profundo, que convida o leitor à reflexão intensa sobre carreira e objetivos, e acessível. Sem dúvida, os leitores reconhecerão que um dos grandes méritos da autora, e desta obra, é traduzir conceitos complexos em linguagem simples, como somente os realmente conhecedores conseguem.

Outro aspecto que cria um laço de confiança imediato entre a autora e o público é o apelo humano do texto, que se inicia com um relato autobiográfico da carreira de Adriana: ela se mostra tão humana e tão próxima, suscetível das mesmas incertezas e inseguranças que acometem a todos nós. O aprofundamento de algumas questões por meio de relatos autorizados dos clientes amplia a experiência pessoal para temas universais.

Em uma passagem que achei particularmente inspirada, ela diz que "Não há como se conhecer sem viver; e não há como viver sem experimentar, sem vivenciar". Concordo totalmente , mas, como educadores que ambos somos, também acreditamos que, ao trazer as experiências vividas para a dimensão pessoal de uma forma tão pungente quanto ela fez neste livro, talvez possamos, pela via da empatia, ajudar as pessoas a tomarem decisões melhores para as suas vidas, sem que tenham que passar por todas as dificuldades que superamos.

Pois este é o principal objetivo de Adriana e fica claro já nas primeiras páginas: ajudar o outro a lidar com suas angústias e a tomar melhores decisões para a carreira e, como defende a autora, para a vida.

Boa leitura e boas escolhas.

Prof. Alexandre Gracioso
Vice-Presidente Acadêmico da ESPM

Tô Perdido!

Como psicóloga especializada em Orientação de Carreira atendo pessoas insatisfeitas, algumas até infelizes, com o rumo de suas vidas profissionais. A frase que mais ouço me levou ao título deste livro: "***Tô perdido!***"

Selecionei alguns depoimentos que incluo a seguir. As identidades foram preservadas.

"Estou perdida! Não sei o que faço." LS – jornalista, 27 anos.

"Até hoje não tenho certeza do quero para minha vida profissional. Não me sinto realizada. Estou me sentindo perdida." KB – advogada e bibliotecária, 46 anos.

"Eu nunca soube o que queria fazer e ainda não sei. Sinto-me perdido profissionalmente." GS – administrador, 31 anos.

"Não consigo me encontrar, parece que nos dois últimos anos tenho sentido a vida anestesiada (levando a vida sem objetivo, num nível elevado de desmotivação, sem conseguir me sentir mal, nem bem) e o descontentamento acaba dando a impressão de que tenho estado assim por muito mais tempo." GV – engenheiro, 31 anos.

"Eu me sinto num barco, no mar, à deriva." AG – advogada, 33 anos.

"A imagem que reflete o como me sinto é de estar no meio de um deserto, sozinha, sem referências. Sinto-me perdida." AC – produtora, 33 anos.

"Eu me sinto um peixe fora d'água." RB – funcionário público, 32 anos.

"Estou deprimido e não vejo perspectivas." EA – publicitário, 54 anos.

"Tenho a sensação de não estar vivendo." FMN – publicitária, 27 anos.

"Mantenho a máscara profissional, mas, na verdade, sinto insegurança comigo mesma, não sei se sou capaz." MR – engenheira, 32 anos.

"A única coisa que a gente tem é a nossa história. E qual é a minha?" GV – engenheiro de produção, 29 anos.

"Sempre tive dúvidas profissionais e continuo com todas elas. O financeiro também pesa, mas no fundo o que gostaria de estar realmente fazendo é algo que me desse um prazer imenso e que me permitisse estar em paz. Estou extremamente angustiado com a situação e passo boa parte do meu tempo pensando no que fazer." VBV – engenheiro, 27 anos.

"Tenho ânsia de vômito, todos os dias, quando sento para trabalhar." – engenheira de informática, 27 anos.

"Não consigo mais levantar pela manhã para ir trabalhar. Sofro todos os dias, não suporto mais fazer o que estou fazendo. Não sou preguiçosa, entende, doutora? Só não suporto mais." – BRM – publicitária, 31 anos.

"Não gosto de ser chefe. Quero mais tranquilidade, fazer meu trabalho devagar. Sou metódico, não lido bem com improviso.

Acho que estou na profissão errada, mas não sei o que fazer." JSL – publicitário, 37 anos.

"Minha angústia é que eu não construí nada profissionalmente. Eu estou bem perdida nesse aspecto." AP – publicitária, 44 anos.

"Preciso buscar o meu espaço dentro da minha história. Um espaço com a minha cara, onde eu consiga me reconhecer e do qual eu sinta prazer em fazer parte." PB – relações públicas, 40 anos.

"Não percebo sentido naquilo que faço." DJ, publicitário e administrador de empresas – 28 anos.

Se pensamentos como esses já passaram pela sua cabeça, saiba que você não está sozinho. As pesquisas sobre insatisfação profissional são frequentes e, não sem motivos, indicam que essa condição emocional gera consequências econômicas e tem efeito sobre diversos setores da vida da pessoa. Não são pesquisas conclusivas, mas podemos deduzir que este descontentamento apresenta impacto sobre diversos segmentos do mercado, como educação, treinamentos, serviços de *coaching*, psicoterapia, serviços e produtos relacionados à saúde e bem-estar, beleza e cosméticos, entretenimento, lazer e até alimentação.

"Não sei o que fazer"

Este é o tipo de queixa que habitualmente escuto em meu consultório. Foi por entender que muitas pessoas sofrem em situações assim, e são incompreendidas por quem não vive esse drama, que decidi escrever este livro. É um trabalho direcionado para quem não sabe a quem recorrer e nem o que fazer diante desta dura realidade.

Muita gente desconhece o orientador de carreira e costuma confundi-lo com o *coach*. Segundo a Academia Brasileira de *Coaching* (consulta disponível em http://www.abracoaching.com.br), o *coach* é o agente facilitador, orientando o *coachee* (a pessoa que o contratou) a descobrir por si mesmo seus pontos fortes e aqueles que podem ser exercitados. Ele vai ajudar o *coachee* no processo de evolução e das mudanças desejadas, aprimorando autoconhecimento, as habilidades e o desenvolvimento pessoal e profissional. A essência do *coaching* está em fornecer suporte para que a pessoa possa atingir suas metas. Assim, o *coach* nem precisa ser especialista na área de atuação do cliente.

O orientador de carreira, que também pode ser encontrado com a nomenclatura de consultor de carreira, é um especialista que adquiriu sólido conhecimento sobre o mercado de trabalho e que tem competência para analisar a evolução das carreiras. Sobretudo, é um profissional com sensibilidade para escutar integralmente, sem julgar, a pessoa que ele orienta, ajudando-a a se reconhecer e se organizar frente aos seus projetos e à história de vida e carreira.

Embora possam ser encontrados muitos profissionais com formação em Psicologia, o consultor de carreira não é um terapeuta. Grande parte de sua competência está em saber diferenciar e administrar corretamente seu papel. Esse profissional compreende que aconselhar não é interpretar a história da pessoa que busca orientação, fazer inferências ou ditar regras, mas, antes, espelhar o que ele está trazendo em seu discurso e apresentar dados da realidade, que serão balizadores de suas decisões.

Embora esses dois especialistas trabalhem com o aspecto profissional, os processos de cada um são diferentes. Como orientadora de carreira, sei que não há apenas uma forma de encontrar caminhos para resolver a questão da carreira, portanto há métodos diferentes. Eu desenvolvi minha própria metodologia de trabalho, que vem funcionando bastante bem, mas estou sempre estudando e me atualizando.

Li muitos livros sobre gestão de carreira que visam a oferecer fórmulas e métodos para gerir a trajetória profissional. São obras nem sempre práticas, apesar de algumas serem sólidos resultados de trabalhos acadêmicos. Voltam-se mais para a fundamentação teórica e utilizam terminologias técnicas, acabam desanimando as pessoas comuns, que não estão envolvidas com esse tipo de estudo. Não pretendo, com essa observação, desmerecer o valor do material em questão; apenas optei por seguir um caminho diferente.

Meu objetivo, neste livro, é compartilhar a experiência que adquiri como orientadora de carreira, na tentativa de auxiliar as pessoas a enfrentarem o difícil processo da busca por um trabalho significativo. Entendo e acompanho o sofrimento, que muitas vezes não é revelado nem para membros da própria família, de pessoas desgostosas com a questão central da vida, que é o trabalho, e o sentimento de realização ou de não realização que pode gerar. Aqueles que não vivem ou não se sensibilizam com esse tema, não conseguem compreender a dimensão de drama que o dia a dia de um trabalho insatisfatório pode assumir.

Atendi pessoas, ao longo desses 22 anos de trabalho, que me diziam que só ali, na minha sala, podiam chorar, entregues a tristeza, ao desespero, desamparo, a insegurança ou falta de perspectiva. Recordo-me em especial do caso de um executivo que não tinha coragem de contar para a esposa e os amigos que tinha sido demitido. Saía pela manhã como se fosse para o trabalho e voltava para casa no fim da tarde. Esse homem chorava quase o tempo todo do atendimento nos primeiros encontros. Pesava sobre ele a vergonha de ter sido demitido.

Houve outro caso, de uma gerente que trabalhava na indústria farmacêutica. Ela desenvolveu depressão pela falta de sentido na atividade profissional. Nesse caso específico houve também crise de valores, pois ela estava em desacordo com alguns aspectos defendidos pela empresa, o que é insuperavelmente desgastante para algumas pessoas. Por outro lado, dependia totalmente daquela remuneração e não poderia deixar o emprego. Tinha enorme dificuldade para sair da cama pela manhã para ir trabalhar. Não se reconhecia, naquele estado, mas não encontrava forças para superar a situação. Sem solução, era o corpo que padecia: ficava doente com exagerada frequência.

Uma das minhas clientes relatou sentir náusea quando sentava em frente ao computador no trabalho. Reação que considerava incompreensível porque fora do ambiente profissional era dinâmica e alegre. Mas, na empresa, a reação corporal frente a insatisfação era frequente e muito desgastante ao ponto de pedir ajuda para sair de lá. Existe, também, no caso de jovens, o receio de desapontar e decepcionar os pais. Tema que abordarei mais à frente.

Há muito sofrimento envolvido nessas situações.

Assim, compreendendo esse cenário, quero compartilhar, em linguagem simples e acessível, algumas das estratégias que utilizo em minha prática profissional para auxiliar aqueles que sofrem com a frustração e inadequação profissional. Vou apresentar pontos que levem à reflexão e contribuam para identificar alternativas que ajudem no processo de ressignificação profissional e até, ambiciosamente, oferecer perspectivas para a reconstrução da identidade profissional.

Apresentarei recortes de histórias de pessoas que atendi no consultório ao longo dos últimos dez anos, com o objetivo de ilustrar situações semelhantes que você, leitor, pode estar vivendo solitariamente.

Essas dúvidas e inseguranças podem acontecer em qualquer momento da vida; não são privilégio dos jovens em início de carreira. Aliás, com a expectativa de vida chegando aos 80 anos, há muito mais tempo para continuar ativo no mercado de trabalho. Segundo pesquisa[3] realizada pela consultoria PWC, em 2013, sobre o envelhecimento da força de trabalho no Brasil, estamos envelhecendo rapidamente. Estima-se que, no ano de 2040, aproximadamente 57% da população brasileira em idade ativa serão compostos de pessoas com mais de 45 anos.

Entre 2004 e 2009 houve gradativo aumento no número de postos ocupados por pessoas com mais de 40 anos, passando de 38,7% para 42%. Mas isso ainda é pouco, diante da realidade.

Com o aumento da expectativa de vida e consequentemente o tempo ativo para trabalho, abrem-se também perspectivas para re-escolhas profissionais.

As frustrações com o trabalho, a rotina e a falta de perspectiva costumam gerar sintomas físicos, geralmente diagnosticados com o nome genérico de estresse. Comentarei as sintomatologias frequentes que observo em minha prática no consultório. A boa notícia é que, quando a questão focal é resolvida, os sintomas também costumam desaparecer.

Não tenho a pretensão de invadir a área médica. Apenas quero constatar sintomas que costumam apresentar-se em pessoas que sofrem com questões relacionadas ao trabalho. E reconheço que alguns desses sintomas são alarmantes ao ponto de tornar essencial a busca de auxílio médico.

Convidei algumas pessoas que passaram pelo processo de orientação profissional comigo para compartilhar suas histórias, dificuldades, mudanças e conquistas. A elas sou imensamente grata. Entendo que os depoimentos podem ser fontes inspiradoras para aqueles que passam por situações semelhantes e não conseguem encontrar caminho possível para sair da insatisfação ou do conflito.

Quase nunca o processo é simples ou fácil, mas a solução é possível. É preciso ter disposição, vontade e coragem para rever padrões e paradigmas, persistência e, na maioria dos casos, alguma reserva financeira. Geralmente há investimentos a serem feitos, de tempo e de dinheiro. Espero que as histórias contadas por quem passou pelo processo sirvam de inspiração, e não como resposta, porque nessa minha atividade não há receitas que funcionem para todos. Cada pessoa tem que encontrar o seu caminho. O que busco com os depoimentos é apenas compartilhar a ideia da possibilidade. Devemos buscar alternativas para situações insatisfatórias, em vez de apenas aceitar, conformados, o desconforto e a frustração.

Insatisfação mundial

No livro *Como Encontrar o Trabalho da Sua Vida*, de Roman Krznaric (2012), encontramos estudo realizado em vários países europeus, demonstrando que 60% dos trabalhadores escolheriam uma carreira diferente, se tivessem opção de começar de novo. Em junho de 2012, a Accenture foi o destaque da revista Você S/A, com uma pesquisa sobre a "insatisfação no trabalho", realizada com mais de três mil executivos de diversos países. A constatação foi a de que 59% dos homens e 57% das mulheres estão insatisfeitos com o trabalho.

Outra pesquisa, feita pela *International Stress Management* no Brasil (ISMA), realizada com pessoas de 25 a 60 anos, revela que 76% delas se sentem infelizes com sua vida profissional. Nos Estados Unidos, a satisfação no trabalho está no menor nível – 45% –, desde que as estatísticas começaram a ser compiladas, duas décadas atrás.

Globalmente, a insatisfação profissional varia entre 55% e 76% da população. As causas são variadas, e nem sempre graves, mas a somatória é maligna. Pequenos problemas no ambiente de trabalho, entre eles conflitos com chefes, sobrecarga de atividades, pressões exageradas por resultados, ameaças – veladas ou não –, competitividade em excesso, aumento de horas dedicadas ao trabalho. Tudo isso, somado, pode levar até às complicações de saúde, como estresse, estafa, depressão, síndrome do pânico e obesidade. Esses fatos, que impedem o bem-estar dos indivíduos, estão presentes na vida de grande parcela da população.

Por outro lado, a pesquisa do mesmo ISMA entre os 24% da população que se consideram felizes no trabalho identificou pontos em comum. Na maioria dos casos, são pessoas com autoconfiança e com objetivos bem definidos. A coordenadora da pesquisa afirma que salário e o status social e profissional não são os principais aspectos percebidos para que alguém se sinta feliz e satisfeito profissionalmente. O contentamento é percebido quando a pessoa sente prazer ao desempenhar suas tarefas, o que, consequentemente, leva aos melhores resultados naquilo que realiza.

A insatisfação profissional é tema recorrente. Mesmo assim, a preocupação com a realização e a satisfação profissional é relativamente recente. Por isso mesmo, por falta de tempo para maturação do debate, essa discussão ainda é longa e inconclusiva. Alguns autores defendem que o sentir-se satisfeito ou não com o trabalho decorre principalmente da personalidade de cada um, e que as características identitárias determinam a maneira como a pessoa percebe o mundo e as possibilidades dele. Mas é inegável a importância de outro aspecto fundamental para a satisfação ou insatisfação profissional: a forma como o trabalho é organizado. Isso inclui os modelos de gestão adotados pelas empresas, mas também fatores objetivos como promoções, benefícios, condições de trabalho, progresso na carreira, estabilidade no trabalho, desenvolvimento pessoal e quantidade de tarefas.

Outros autores, como Maslow e sua hierarquia de necessidades, e Herzberg, que analisa a satisfação no trabalho por seus fatores intrínsecos e extrínsecos, apenas para citar alguns, tentam ajudar a compreender essa difícil dinâmica.

Nossa sociedade mudou muito nas últimas décadas. Desde a Revolução Industrial, as características do trabalho e as relações com ele mudaram também. Em tempos recentes, na década de 1980, o Brasil passou por um período crítico, com a economia estagnada, inflação em alta e nível baixíssimo de crescimento econômico. Muitas empresas passaram por processos de adequação; houve grande número de *downsizing.*

Segundo o relatório da Organização das Nações Unidas (ONU) denominado "*La dinámica del deterioro social en América Latina y el Caribe en los años ochenta*", a taxa anual média de desemprego urbano, no Brasil, em 1980, era de 6,2%; em 1981, 7,9%; entre 1982 e 1984, oscilou entre 6 e 7%, caiu para 5,3% em

1985 e manteve-se entre 3% e 4% de 1986 a 1988. No entanto, pessoas que deixam de procurar emprego não constam das pesquisas; os subempregados não fazem parte dos dados (ambulantes, faxineiras, engraxates e ajudantes em geral); pessoas que vivem da economia informal não integram as estatísticas (gente que foi viver de prestação de serviços, como encanadores, eletricistas, carregadores etc.). Taxas oficiais, portanto, são inexatas – e certamente menores do que o percentual real. As taxas estimadas de desemprego atingiram 13%, embora tenha chegado a se falar em 17%.

Em 1981, com o segundo choque do petróleo, a economia brasileira praticamente quebrou, e a inflação chegou no patamar dos 200%, conforme dados da Revista Econômica Política (1984). O principal setor a demitir trabalhadores entre 1981 e 1983 foi a indústria, que reduziu em 21% a sua força de trabalho.

A recuperação do emprego, nas décadas seguintes, não bastou para atenuar a angústia dos insatisfeitos.

O que desagrada no trabalho

Há vários motivos para a insatisfação profissional. Envolvem, por exemplo:

- Relação com superior
- Clima organizacional
- Percepção de que se está "emburrecendo", ou seja, que já não se aprendem coisas novas no trabalho
- Falta de perspectiva de crescimento
- Falta de investimento em desenvolvimento
- Falta de reconhecimento
- Rotinas desmotivadoras
- Falta de sentido com o que se faz

- Salário inadequado
- Assédio moral
- Baixa percepção de qualidade de vida

São esses os que costumam aparecer como mais frequência, ao menos no consultório do orientador de carreira.

É comum encontrarmos artigos tratando do tema, de autoria de especialistas da área e até de quem não é dela, mas que já viveu situação semelhante. Entretanto, apenas a leitura não resolverá as inquietações de quem enfrenta o problema, porque, mesmo que as dicas sejam boas, e algumas realmente são muito úteis, nem sempre as orientações se encaixam no momento de vida ou nas necessidades atuais da pessoa, ou mesmo nos planos dela. Dicas generalistas costumam dar margem a uma gama de ações e possibilidades que podem gerar mais dúvidas e inseguranças do que certezas e soluções. Com frequência, o que falta não é informação, mas sim um interlocutor interessado.

A melhor alternativa é que esse interlocutor seja um especialista. É verdade que discutir com amigos é uma opção razoável, mas nem sempre a melhor, porque não é raro que os próprios amigos se encontrem com dúvidas semelhantes e igualmente sem saber o que fazer. Perdidos, também.

A insatisfação profissional afeta a maior parte da humanidade, como vimos. Saber disso não resolve o problema, mas faz pensar que você não está só e que essas questões são mais comuns do que imaginamos. Só isso já pode tornar a situação menos frustrante e, em consequência, servir de estímulo para a buscar soluções.

Minha história profissional

Atuo no consultório com embasamento na teoria sócio-histórica da psicologia. Você deve estar se perguntando o que é isso. Qualquer atividade profissional requer um direcionamento coerente e uma base teórica sólida. Minha proposta não é acadêmica, mas penso que você deve saber minimamente sobre essa questão.

O fundamento da teoria sócio-histórica baseia-se em Lev Vygotsky, que concebe o desenvolvimento humano a partir das relações sociais que cada pessoa estabelece no decorrer da vida. O autor entende que toda pessoa se constitui como ser humano em função das relações que estabelece com os outros.

Desde o nosso nascimento, somos socialmente dependentes dos outros e entramos em um processo histórico que, de um lado, nos oferece os dados sobre o mundo e as visões sobre ele e, de outro lado, permite a construção da visão pessoal sobre esse mesmo mundo.

Não acredito nessas histórias que a gente costuma escutar em congressos e convenções acerca de profissionais que só tiveram sucesso na carreira e cuja trajetória foi um jardim de flores. Há dúvidas, inseguranças, erros e não apenas acertos e sucesso. Então, se você tem esses sentimentos em relação à condução da sua carreira, bem-vindo ao clube; você é humano.

Vou compartilhar um resumo da minha história, pois também passei por momentos difíceis e, justamente por isso, mudei os rumos da minha carreira. Em vários momentos da trajetória, o que eu fazia me desmotivava e perdia sentido. Precisei me reposicionar, aprender novas atividades, assumir novos desafios e buscar significado naquilo que estava fazendo, encontrando satisfação e alegria no trabalho. Em função disso, afirmo que é possível se sentir feliz e realizado com a vida profissional. Meu trabalho concentra-se exatamente em ajudar pessoas a atingirem esse objetivo.

Formada em Psicologia aos 21 anos, por influência de professores e colegas de faculdade, optei pela psicologia clínica e iniciei imediatamente pós-graduação na área. Comecei a trabalhar em consultório, já atuando com psicologia educacional. Fiz minha formação básica em psicanálise, tinha supervisão e gostava bastante. Mas, em pouco tempo, minhas dúvidas em relação à maneira como a supervisão dos meus casos era conduzida já me fizeram refletir sobre a prática clínica e os resultados dela.

Certo dia, minha supervisora disse que o caso que eu estava atendendo era "um típico caso de complexo de Édipo" e eu tinha que aceitar isso. Meu desapontamento com a psicanálise, ou melhor, com a maneira como estavam lidando com ela e com os meus casos, me levou a um impasse. Cheguei a pensar que eu é que não era capaz de entender a situação. Como é que Freud podia estar errado?

A postura de minha supervisora, naquele caso, tornou nossa relação tensa e desgastante. Ter que aceitar, sem argumentos convincentes e fundamentados, não é o que me atende e me agrada. Deixei de acreditar que a teoria freudiana poderia responder a todas as minhas dúvidas. Fiquei viúva do Freud.

Fiz minha primeira mudança na carreira. Comecei a fazer outra pós-graduação na área de Recursos Humanos e iniciei atividade como consultora júnior na divisão de *Executive Search* de uma conhecida empresa do segmento. Quando me candidatei à vaga, eu nem sabia muito bem, na época, o que era o trabalho; sabia apenas que estava relacionado com a área de RH. O que eu queria era deixar a clínica onde estava o quanto antes. A vaga, anunciada num jornal de grande circulação, pedia psicóloga sem experiência, e assim me encaixei nos parâmetros. Foi uma mudança radical. Sentia-me ansiosa e insegura, afinal nunca tinha feito nem estágio em organizacional. Sobre currículo, além do meu, voltado para grupos de estudo e atendimento clínico, não entendia nada. Nem sabia se meu currículo era bom quando me candidatei. Mesmo assim, fui contratada!

Entrei para o mundo corporativo pela porta lateral. Recebi orientação de meia hora, se tanto, sobre como eu deveria "caçar" profissionais, pois também faria *hunting*. Achei lindo! A consultoria prestava serviços de recrutamento e seleção para empresas de todos os segmentos, portes e de todas as nacionalidades. Um universo se abria na minha frente. Um universo que não se resumia ao Freud.

Contratos, resultados, prazos, entregas, desempenho, metas. Fui me transformando numa máquina de analisar, selecionar, entrevistar, elaborar currículos e relatórios.

Ninguém na minha casa entendia o que eu fazia. Quando eu atuava em clínica, meus pais compreendiam o meu trabalho. Mas a definição de *headhunter* era obscura para eles e, por isso, preferiram continuar dizendo que eu era psicóloga.

No início, não me sentia confortável quando precisava fazer o trabalho de "caça", principalmente na etapa de levantamento de nomes. Mas depois entendi que os fins justificam os meios. Nesse caso, o processo seria para uma boa causa e acabei me divertindo. Estava me transformando em *headhunter*.

Havia um trabalho complexo de mapeamento de mercado, levantamento de nomes, compreensão do perfil desejado pela empresa, tudo bastante desafiador, com prazo de entrega curto, de

15 dias úteis. O volume de trabalho era intenso. Eu desenvolvia projetos simultaneamente para empresas de diversos segmentos – instituições financeiras, empresas farmacêuticas, metalúrgicas, do ramo alimentício, químico e de prestação de serviços.

Essas experiências foram enriquecedoras e desenvolvi olhar apurado para análise do conteúdo de currículos, do desenvolvimento da carreira, experiências e resultados, e da coerência entre conteúdo do currículo e o discurso da entrevista. Aprendi a observar mais atentamente detalhes como postura, tom de voz, respiração, olhar. A tudo ia aplicando o conhecimento adquirido na prática clínica. Fui aprendendo sobre o *modus operandi* do mercado de trabalho, entrando pela porta do RH e com acesso ao *board* das empresas.

O trabalho de *hunting* nunca é a primeira escolha de uma empresa. É atividade sofisticada, demanda muita pesquisa e envolve sigilo na maioria das vezes. Graças a esse trabalho, adquiri sólido conhecimento sobre hierarquias, planejamento estratégico, perfil de empresas e negócios, plano de carreira. Adorava visitar plantas e conhecer o chão de fábrica das empresas.

Porém, passado algum tempo, cansei de caçar. Precisava mudar. Já tinha aprendido e não via mais desafios. Queria fazer alguma coisa diferente. Falei com o presidente da empresa e ele me deu a oportunidade de atuar mais intensamente em outro braço dos negócios, responsável pelos processos de *outplacement* ou assessoria em recolocação. Naquela época já estava consultora sênior, uma posição funcional mais avançada.

O trabalho realizado no processo de *outplacement* e no de assessoria em recolocação é praticamente o mesmo. O *outplacement* é pago pela empresa e oferecido ao funcionário ou colaborador que está sendo desligado. A assessoria em recolocação é paga pela própria pessoa à consultoria. Ou seja, um processo é para pessoa jurídica e o outro para pessoa física.

Também nessa unidade de negócios aprendi muito. Sempre fui curiosa e interessada em conhecer novos processos, projetos, negócios, novas operações. Conheci gente interessante e histórias de vida incríveis. Gostava de conversar com meus clientes e escutar suas histórias, hábito trazido da prática clínica e, claro, da escuta psicológica.

Nesse período, recebi convite para escrever uma coluna semanal no jornal virtual da empresa. Eu já tinha pendor para o jornalismo e cheguei a prestar vestibular (e fui aprovada) em jornalismo e em psicologia. Por influência da minha mãe, optei pela segunda, mas a profissão de jornalista nunca me saiu da cabeça. Portanto, a colaboração no jornal virtual era uma oportunidade para estar mais próxima dessa área profissional.

Aceitei prontamente. Foi sem dúvida experiência enriquecedora para alguém com o meu perfil. Eu respondia perguntas de pessoas que escreviam contando histórias e colocando suas dúvidas em sobre a carreira. Falavam das dificuldades no relacionamento com colegas e superiores, da escolha profissional, de como se portar diante de situações específicas. Cheguei a receber cerca de 500 mensagens por semana, de leitores com dúvidas sobre carreira e trabalho. Foi então que me dei conta de que meus conhecimentos e minha experiência poderiam ajudar muita gente.

Não recebia nada a mais por esse trabalho, mas ele foi tomando cada vez mais o meu tempo e a minha atenção. Nesse período, também me envolvi diretamente no programa de certificação da empresa para a ISO 9.000, respondendo pela área de treinamento e desenvolvimento dessa divisão da empresa. Foi um enorme desafio. Ao longo do tempo fui me conhecendo melhor e tomando consciência das atividades que mais me agradavam. Não é tão óbvio quanto pode parecer.

Mais algum tempo se passou e minha inquietação para fazer alguma atividade diferente do *outplacement* foi aumentando. Conversei novamente com o presidente e recebi convite para atuar em novo projeto que ele desenvolvia, o programa de franquias. Outra mudança na minha trajetória. Já estava vice-presidente na ocasião, aos 31 anos.

A nova atividade, no início, foi bem interessante e desafiadora, como sempre considero. Também aprendi isso sobre mim: os primeiros meses são de paixão e encantamento, depois a paixão diminui, junto com o encantamento, e a diversão fica menor, tudo vai perdendo um pouco o seu brilho. Sou assim.

Esse tempo, entretanto, foi menor que os outros. A atividade e a rotina me desgastaram mais rapidamente e a tolerância diminuiu. Eu vivia mergulhada em contratos, análises de mercado, retorno sobre investimento e elaboração de manuais de treinamento. Percebi que estava me afastando daquilo que mais gostava de fazer, que era o atendimento individual, o relacionamento com o cliente, escutar histórias de vida e ajudar pessoas a encontrarem alternativas quando não viam mais nenhuma.

"O que eu estou fazendo aqui?"

Essa era a pergunta que me acompanhava por meses, quando estava em reuniões ou durante o desempenho das minhas rotinas. O questionamento passou a ser tão frequente que chegou perto do insuportável. Como é que eu, que ajudo as pessoas a buscarem novos caminhos e alternativas profissionais, cheguei a tal ponto?

Conversei muitas vezes com meu marido. Sempre comentava com ele sobre minha vontade de deixar a empresa e ele apoiava. Planejei minha saída, mas, antes, falei com meu presidente e ele me liberou por um mês para fazer um curso de inglês no exterior, coisa que sempre tive vontade, mas nunca, tempo. Meu filho era pequeno e tive todo o apoio do meu marido para ir. Foi uma experiência intensa. Estava no Canadá no dia 11 de setembro de 2001, quando do atentado terrorista contra as torres gêmeas de Nova York. Mas, apesar das circunstâncias, pude aproveitar bem essa oportunidade e vivência. Visitei universidades e descobri o belo trabalho de orientação de carreira que é feito junto aos alunos por lá. Foi inspirador.

Na volta, pedi demissão! Não foi sem conflitos, pois conhecia a realidade de mercado para mulheres com minha posição e idade – vice-presidente e com filho pequeno. Não foi uma saída fácil, afinal foram dez anos de empresa e muita história para contar. Mas não dava para continuar; não via mais perspectivas para mim.

Senti as inseguranças e incertezas que momentos como aquele reservam. Apesar de estar convicta do que eu não queria, tinha dúvidas sobre o que exatamente eu queria dali para frente. Estava segura de conseguir atuar com atendimentos individuais, que era o que eu realmente gostava de fazer, mas seria financeiramente viável? Eu pretendia utilizar a experiência adquirida ao longo dos anos sobre mercado de trabalho, profissões e carreira, mas de que maneira eu não sabia ao certo.

A sensação, nos primeiros dias e semanas, variava da euforia por ter deixado uma atividade sem sentido e angustiante à insegurança de não saber se conseguiria um novo lugar no mercado de trabalho. Saí, contrariamente ao que costumava orientar meus clientes, sem um emprego garantido. Apenas com ideias e convicções sobre o que gostaria de fazer. Muita gente considerou minha saída precipitada e impulsiva, outros admiraram a minha coragem, confiança e iniciativa. Eu mesma sentia que tinha feito a coisa certa, mas também sentia medo, incertezas, angústia, ansiedade. O ser humano é complexo.

Sou humana, sou complexa

Decidi voltar a estudar. Seria boa oportunidade para me atualizar e reciclar conhecimentos, já que estava com tempo livre (quando a gente não tem tempo, reclama. Quando tem tempo não sabe muito bem o que fazer com ele).

Estudar era nobre e importante para entender. Mas entender o que? Eu queria uma luz que me fizesse descobrir porquê pessoas aparentemente bem-sucedidas mudam de carreira. No fundo, eu queria mesmo era saber se havia muitas pessoas que fazem o que eu fiz. Iniciei mestrado em Psicologia Social e do Trabalho. Passei dois anos estudando, pesquisando, entrevistando pessoas para entender o processo que resultaria, algum tempo depois, no meu primeiro livro: *Mudança de Carreira e Transformação da Identidade.*

Paralelamente voltei ao consultório. Porém, alguns antigos clientes voltaram a me procurar para que eu fizesse *hunting*. Não era o que eu queria, mas precisava pagar as contas. Assim, meus dias eram divididos entre caças, atendimentos, pesquisas, leituras, estudos, elaboração da dissertação e contatos com pessoas que eu considerava chave para colocar em prática minhas ideias. Aos amigos e ex-clientes deixei claro que meu foco de trabalho era ajudar no processo de orientação de carreira. Esses contatos foram valiosíssimos para conquistar clientes com o direcionamento naquilo que eu queria fazer.

Na época nem se falava muito em orientação de carreira. Eu me sentia sozinha, mas sabia da demanda por profissionais especializados nessa atividade, em função do volume de perguntas geradas pela coluna no jornal. Mas será que ninguém tinha pensado nisso antes?

Em minhas pesquisas encontrei a Associação Brasileira de Orientação Profissional (ABOP), que também estava com pouco tempo de vida (foi criada em 1993). Fui muito bem recebida quando ao participar do 1º e do 2º congressos realizados pela entidade. E descobri que era aquilo o que eu queria fazer, e mais: que já existia quem também o fazia. Associei-me a eles.

Nesse período, estruturei um projeto sobre orientação de carreira. Por recomendação da professora Fátima Motta, apresentei o projeto ao professor Alexandre Gracioso, da Escola Superior de Propaganda e Marketing (ESPM). Ele ficou encantado com a ideia de ter na Escola um Centro de Carreira para orientar os alunos em suas dúvidas, auxiliá-los no ingresso ao mercado de trabalho e apoiá-los no desenvolvimento profissional. Implantei com mais duas pessoas o embrião do que veio a ser hoje o ESPM Carreiras, do qual sou atualmente coordenadora.

Inaugurei meu site (www.vidaecarreira.com.br), com o propósito de abrir um espaço para disseminar ideias sobre gestão de carreira e mercado de trabalho. Foi uma importante realização pessoal. Logo em seguida, comecei a dar aulas nos cursos de pós-graduação, a convite da professora Aylza Munhos, na área de gestão de pessoas da ESPM.

Antes de tudo, a emoção

Apresentei minha dissertação de mestrado no congresso da ABOP de 2007. Alguns membros da Associação consideraram o conteúdo relevante para o segmento e, por insistência deles, transformei o trabalho em livro. Esta primeira publicação, em 2008, foi outro momento marcante e significativo em minha trajetória, mas que também gerou ansiedade. A gente nunca acha que o que fizemos está suficientemente bom, sempre imagina que falta alguma coisa, pensa que poderia aprofundar um pouco mais. Apresentar um projeto para a banca do mestrado já é complicado, o que dizer então de expor o trabalho para o público em geral? Tudo isso gera insegurança, insônia, ansiedade, dá dor de barriga. Mas é bom.

Minha dissertação funcionou praticamente como um processo de autoconhecimento, porque tive que expor minhas dúvidas e inseguranças. É certo que nesse processo a gente se vale da experiência do outro, por conta das pesquisas de campo, mas é difícil ficar alheio ao objeto de estudo quando você está muito próximo dele.

Fiz meu melhor naquele momento. Foi emocionante. Aliás, com o tempo fui descobrindo que preciso fazer atividades que me emocionem, que me façam vibrar, sentir profundamente, caso contrário não fazem sentido, nem reconheço muito valor. E tem sido assim.

Fui convidada para escrever no blog da Revista Exame, colaborei com os blogs do Portal HSM de gestão de carreira, do Portal ClickCarreira. Há quase dois anos estou colunista do jornal *Folha de S. Paulo*, na seção Carreiras e Negócios, e bem recentemente fui convidada para fazer uma coluna semanal na Rádio Bandeirantes. Outras grandes emoções e sempre prazerosas. Principalmente pelo *feedback* dos leitores e ouvintes.

Continuo meus atendimentos em consultório, faço treinamentos em empresas quando os considero relevantes e me emociono com a proposta; coordeno o Centro de Carreiras da pós-graduação, o Núcleo de Estudos e Negócios em Desenvolvimento de Pessoas da ESPM e a Academia de Professores. Tenho chefes maravilhosos, Licínio Mota, Edson Crescitelli e Antonio Jesus Cocenza, que me incentivam e me apoiam em meus projetos e nas minhas ideias. Eles me ajudam a voar mais alto.

Além dessas atividades profissionais, adoro ler e escrever. E aprecio arte. Gosto de pintar aquarelas, o que não quer dizer que faço bem, mas me diverte.

Admiro os profissionais que fazem da sua atividade uma arte. Fazem tão bem feito aquilo que se propõem a executar que deixam uma marca na lembrança das pessoas, mesmo sem se darem conta disso. Isso é verdade em qualquer profissão, desde as mais simples até as mais complexas. Já pensou nisso?

Costumo me descrever como curiosa compulsiva e multifuncional. Ter uma vida diferente disso pode ser entediante e muito frustrante. Fico feliz e sinto que minha vida vale a pena quando percebo e recebo retornos de que meu trabalho ajudou pessoas a encontrarem um caminho satisfatório e que, por causa dele, conseguem se sentir mais adaptadas e realizadas profissionalmente.

Uma cliente certa vez disse: Você orienta carreiras e salva vidas! Essa frase me marcou muito.

A importância do relato da história de vida para o processo de orientação profissional, e mudança de carreira na abordagem em que atuo, é de extrema importância. Falarei sobre esse assunto mais à frente.

O Valor do Trabalho

Passamos muito tempo na relação de trabalho, mais do que em qualquer outra. Particularmente, as questões que o envolvem me atraem muito.Todo meu empenho é dedicado a ajudar as pessoas a se tornarem mais conscientes de seus valores, de suas crenças e, consequentemente, de suas escolhas. Quando fazemos escolhas conscientes e adequadas às nossas próprias crenças e valores, elas tendem a ser mais satisfatórias, pois há aderência entre aquilo em que se acredita e aquilo que se faz.

Toda atividade profissional tem valor e merece respeito. Perceber o valor da sua atividade para você e para o mundo que o cerca faz com que o seu trabalho tenha significado, um propósito e o ajuda a reconhecer a importância dele. Pense no mundo como uma grande engrenagem composta de milhares de pequenas peças que precisam funcionar bem para que continuem girando. O conceito é mecanicista, mas funciona. Se uma das peças dessa engrenagem não funciona bem, as demais, mais cedo ou mais tarde, terão algum problema. Tendo essa visão sistêmica dá para entender que todas as profissões têm sua importância no cenário social, por menor que cada uma possa parecer.

Sempre que tenho oportunidade, pergunto para as pessoas se – e porquê – elas gostam do que fazem. Certa vez estava num restaurante e fui ao banheiro, onde uma moça bem arrumada cuidava para que o lugar estivesse sempre em ordem. Comecei a conversar com ela e fiz a pergunta: "Você gosta do seu trabalho?".

Eu imaginava escutar uma resposta negativa e fui surpreendida, quando ela respondeu que sim, que gostava do que fazia. Continuei: "E por quê?". A resposta foi ainda mais surpreendente:

"Gosto porque aqui eu posso ajudar as pessoas. Às vezes, as meninas vêm chorar aqui no banheiro, quando tem problemas com os namorados. Eu converso com elas, dou conselhos e até empresto o meu batom. Fora daqui, tenho certeza que elas nunca olhariam para mim e nem conversariam comigo, por isso eu gosto de trabalhar aqui. Tenho a possibilidade de ajudar as pessoas e de conversar com elas."

Essa pessoa incrível conseguiu atribuir valor ao que o ambiente de trabalho pode proporcionar e sente que pode ajudar de alguma maneira. Eu trouxe esse exemplo para ilustrar que a percepção de sentido e a gratificação com o trabalho podem estar nas entrelinhas, no contexto, e não exatamente na atividade em si.

E quando a escolha profissional não faz sentido?

Não é fácil reconhecer que não se fez a escolha profissional adequada. No consultório, percebo sempre certo embaraço, um pouco de vergonha e muito desapontamento da pessoa para consigo mesma quando reconhece que sua escolha foi inadequada. Como se tivesse falhado. Principalmente quando a pessoa está há vários anos atuando na mesma área, é bem-sucedida, mas se admite frustrada e com desejo de mudar. É importante apontar que essa pessoa não falhou. Ao contrário, ela deu certo até determinado ponto. O que ocorre é que as pessoas mudam e que o mercado muda, assim como nossas necessidades e interesses diversos.

Fala-se muito do conceito de dinâmica e da rapidez das mudanças, mas temos dificuldade em aceitar e aplicar as novidades às nossas vidas. Para ilustrar esse ponto, posso aqui viajar para bem longe e citar Heráclito de Éfeso, considerado o pai da dialética, que viveu entre 535 e 475 a.C: "*Nada existe de permanente senão a mudança.*". Ou lembrar Lulu Santos, que diz numa de suas canções: "*Nada do que foi será, de novo, do jeito que já foi um dia. Tudo passa, tudo sempre passará.*"

A gente muda, o mundo muda. Sofremos influências das mudanças, sejam elas sociais, culturais, tecnológicas ou políticas.

Há situações em que a escolha profissional já não é adequada desde a escolha da faculdade, por causa da influência de amigos e familiares na época do vestibular, e pela pressão social de ter que entrar em uma universidade. A questão da competitividade, de não ficar para trás em relação aos amigos e colegas, também tem seu peso nesse momento, e contribui para escolhas por impulso. Há casos nos quais a pessoa escolhe um curso mesmo sem saber, efetivamente, o que faz o profissional daquela área.

Algumas pessoas insistem em continuar o curso que iniciaram, mesmo não gostando, iludindo-se com a ideia de que "depois pode melhorar" e sucumbindo as crenças pessoais e familiares. Respeito decisões dessa natureza, porque refletem crença pessoal. Mas pergunto, fazendo uma comparação com relacionamentos afetivos: se você conheceu uma pessoa que não tem uma conversa boa, que não agrada, mesmo assim vai casar com ela?

Profissão é relacionamento de longo prazo. Pode haver descobertas boas com o passar do tempo, mesmo numa escolha ruim? Sim, mas você poderia ter dedicado esse tempo a conhecer e investigar outras atividades e áreas de atuação que já façam mais sentido hoje.

Muitos clientes, que guardam em segredo as dores que essa situação causa, em algum momento não suportam tamanha carga emocional e passam por terrível sofrimento quando reconhecem a opção inadequada. É quando a pessoa se encontra numa verdadeira encruzilhada: quando não verbaliza os sentimentos envolvidos, é como se não concretizasse a situação. Depois que os sentimentos são expressos verbalmente, a situação passa a existir de fato e aparece a urgência de fazer alguma coisa em relação a ela. A tomada de consciência do problema é, em geral, o primeiro motivador para a mudança. Para o meu trabalho, esse aspecto é especialmente importante.

Ainda não há maneira de identificar o grau de frustração com o trabalho. Também não há como medir a felicidade que todos desejam, mas que não sabem onde está. São questões subjetivas, apesar de haver estudos tentando determinar fatores mensuráveis para estudá-las melhor.

Há pessoas muito tolerantes, que conseguem administrar internamente, ou compensar de maneiras diferentes, as frustrações do trabalho. Levam anos para tomar alguma iniciativa em relação à frustração da escolha profissional e às vezes não fazem nada. Outras são mais sensíveis e percebem que algo não está bem, mas nem sempre conseguem identificar objetivamente o que, de fato, as incomoda. Outras, ainda, sabem exatamente o que as perturba, mas não sabem o que ou como fazer para mudar.

As pessoas são diferentes e há que se compreender isso. Seria muito bom que as pessoas que fazem a gestão de pessoas – coordenadores, supervisores, gerentes, diretores, presidentes – tivessem, minimamente, essa sensibilidade.

Certa vez atendi um cliente em torno dos 57 anos, engenheiro e administrador, que se dizia muito frustrado com a carreira instável e insegura. Casou-se tarde e tinha um filho de três anos. No momento do atendimento, ele queria alguma atividade que lhe fosse mais gratificante, porque havia passado a vida em atividades pouco significativas e ansiava por alguma recompensa, algo que lhe desse mais prazer e também remuneração maior. Sua história de vida revela que sempre postergou as tomadas de decisões, esperando habitualmente que algum fator externo mudasse o seu rumo. Mas um dia se encorajou para assumir as rédeas da própria vida.

Identificar a escolha inadequada, logo no início da faculdade, pode representar ganho de tempo, dinheiro e ao mesmo tempo minimizar o desgaste emocional. Por essa razão, sempre sugiro que os alunos façam estágios, tantos quando conseguirem, durante o curso universitário.

A escolha profissional, no Brasil, é feita em torno dos 17/18 anos. Apesar de estarem com o universo na ponta do mouse, os jovens não têm muita noção de mundo do trabalho. Com raras exceções, as escolas estão mais preocupadas em classificar seus alunos no vestibular, para fazerem o marketing de suas instituições, do que em orientá-los para uma boa escolha profissional. Por essa razão, considero de grande valor os centros de carreira nas escolas, cursinhos pré-vestibulares e universidades, e penso que as escolas deveriam incluir em seus currículos disciplinas que levassem os alunos ao processo de autoconhecimento e mercado de trabalho, tema da maior importância para realizar escolha profissional mais adequada.

Há algumas décadas, havia nas escolas públicas estaduais de São Paulo a figura do orientador vocacional que aplicava testes e conversava com alunos para auxiliá-los a refletirem sobre as possibilidades de carreira. Não me consta que ainda exista essa figura nas escolas, o que é lamentável.

Realmente pode ser muito difícil fazer a escolha profissional com tantas opções disponíveis. Segundo dados do Ministério da Educação (MEC), em 2011, havia 30.616 cursos no Brasil, sendo 194 graduações diferentes – 181 bacharelados e 13 tecnológicas – você pode conhecer cada uma dessas graduações por meio do site Guia do Estudante: (www.guiadoestudante.abril.com.br).

Vamos ver, por exemplo, o caso da engenharia. Se você resolver ser engenheiro, poderá optar entre 46 cursos: civil, naval, elétrica, mecatrônica, de telecomunicações, de produção, de bebidas etc. Sem contar as opções voltadas para meio ambiente que somariam mais seis a esta lista – engenharia agrícola, engenharia ambiental e sanitária, engenharia de energia, engenharia de pesca e aquicultura, engenharia florestal e engenharia hídrica.

Por que continuar num curso que não agrada?

Minha experiência mostra que as pessoas insistem num curso, geralmente, devido a:

- Influência dos pais ou parentes próximos
- Influência de amigos
- Dependência financeira
- Falta de apoio familiar para mudar de curso
- Indecisão, mas passou no vestibular
- Por acreditarem que vão ganhar dinheiro
- A empresa em que trabalham paga aquele curso e não outro
- Acreditar ser o que o mercado quer
- Acreditar que se não tiver curso superior não ganhará dinheiro
- Falta de conhecimento de si e do mercado

Ou pensamentos e crenças como:

- "Começou tem que terminar"
- "Pode ser que melhore até o final do curso"
- "Quando terminar essa, faço outra de que eu goste"

Esses fatores acarretam para a pessoa, posteriormente, uma dose de frustração, por não ter se preparado melhor antes da escolha. Em nossa cultura, ser aprovado no vestibular é um marco. O momento representa o ritual de passagem para o mundo adulto.

Nos relatos que escuto, os pais sentem como se já tivessem cumprido boa parte de suas responsabilidades, quando *"encaminham o filho para uma carreira"*. Depois disso, o que esperam dele é que case e saia de casa. Mas também não é isso que acontece, pelo menos com jovens com os quais estou habituada a conviver, conversar e trabalhar.

Influência dos pais na escolha profissional dos filhos

O jovem que não fez a escolha mais adequada da faculdade, depois que conclui o curso quase nunca aplica profissionalmente o que estudou, e se sente atrasado em relação aos colegas, que são percebidos como satisfeitos e bem-sucedidos na carreira. Nem sempre isso é fato, mas o que conta não é o fato e sim a percepção do que se vê.

A questão da influência dos pais na escolha profissional dos filhos é muito complexa e mereceria ser tese de doutorado. Mesmo assim talvez não conseguisse ser esgotada. Como minha pretensão com este livro não é ser investigativa, mas compartilhar experiências e percepções, menciono esse fator como forte influenciador da escolha dos filhos nem sempre de maneira positiva.

A história de vida revela, em grande parte, principalmente o grau de influência do pai na escolha profissional dos filhos.

A figura paterna ainda influencia mais nas questões profissionais do que a figura materna. Porém, acredito que essa situação venha a mudar nas próximas gerações em função do maior índice de inserção de mulheres no mercado de trabalho e da influência que elas vêm exercendo nas organizações, no Brasil e no mundo.

Existem famílias que interferem fortemente na escolha profissional dos filhos. Há pais que querem se realizar profissionalmente através da prole como forma de compensação pelo que não foram. Querem garantir que os filhos sejam bem-sucedidos e tenham autonomia financeira ou desejam que sigam suas profissões para dar seguimento aos negócios da família. Outros apenas desejam que eles sejam felizes e não opinam na escolha da faculdade, apoiando qualquer decisão. Também há os indiferentes, que nem sequer vivenciam a questão da escolha da faculdade – e isso pode não ser ruim.

A trajetória de vida das pessoas acaba favorecendo algumas escolhas, em detrimento de outras. Observei, em meus atendimentos, que, por exemplo, se a família teve muitos problemas financeiros e os filhos vivenciaram e perceberam isso, podem fazer opção por um trabalho ou profissão que, na percepção deles, pode mais facilmente gerar ganhos e suprir essa carência financeira. Outro exemplo de influência familiar é o filho perceber que não teve muita atenção do pai ou da mãe, uma vez que exerciam determinada atividade profissional que os afastava, comprometendo a relação afetivo-familiar; sentindo-se abandonado ou excluído, o filho pode escolher alguma atividade oposta da dos pais, imaginando que não é esse o tipo de vida que deseja para si.

Relato o caso de uma cliente, de origem muito humilde, que acabou estudando advocacia apenas para que o pai se orgulhasse dela, sendo "doutora". Ela não quis desapontá-lo, principalmente porque ele afirmava que fazia muito gosto se ela cursasse direito e que faria o esforço financeiro necessário para pagar a faculdade. Ela não gostou do curso desde o começo, mas nunca teve coragem para dizer isso ao pai. Teve dificuldades para concluí-lo, sofreu acidentes, ficou doente, precisou se afastar da escola, não durava nos estágios, não conseguia entregar os trabalhos, enfim, a escolha revelou-se um drama na vida dela. Graduou-se, mas não passava no exame da Ordem dos Advogados do Brasil (OAB). Era bacharel e não conseguia ser advogada. O resultado, como ela mesma dizia: "Não consigo emprego decente".

É comum que os pais se encantem por algumas profissões e influenciem os filhos, principalmente pelas profissões imperiais, assim chamadas por terem sido implantadas no Brasil no período do Império, no início do século 19: direito, por exemplo, que, por convenção e não por lei, confere ao graduado o título de doutor, mesmo que não defenda tese de doutorado, e também a medicina, ou mesmo a engenharia. Segundo Edmundo Campos Coelho, no seu livro *As Profissões Imperiais*, o acesso à educação sempre foi grande fator de exclusão social. Na época do império, ter um diploma de ensino superior era mais um adorno cultural do que passaporte para exercer a profissão, já que a regulamentação só ocorreria na década de 1930 do século 20.

A medicina traz o universal e perene prestígio dos médicos. O direito era a escolha de quase todos os políticos e agora, no terceiro milênio, mantém-se com o mesmo prestígio, graças a judicialização das relações sociais. E a engenharia possibilitou o progresso, a partir da Revolução Industrial, e ainda é fundamental na modernização e viabilidade de um país.

O que essas profissões têm em comum? Forte regulamentação e espírito de classe. No direito, por exemplo, cursar a faculdade não significa nada se o estudante não for aprovado no exame da OAB. Da mesma maneira, vemos forte atuação do Conselho Federal de Medicina (CFM) e do Conselho Regional de Engenharia e Arquitetura (Crea). Essas exigências, que muita gente considera corporativismo, tornam esses cursos "difíceis" e não são muitos os alunos que conseguem se formar e exercer a profissão. Talvez por isso também sejam áreas que conferem prestígio social a quem as exerce.

A importância das profissões tradicionais vem de longa data e é o prolongamento da cultura de status (simbólica) com significação de ascensão social. Esses fatores têm pouca dependência da função social realmente cumprida ou mesmo da remuneração decorrente de seu exercício profissional.

Nas profissões chamadas não tradicionais, por outro lado, o status não é automático, mas adquirido pela eficácia da atividade profissional e pelos benefícios sociais percebidos. Muitos pais, também por desconhecimento, não conseguem atribuir valor, significado social ou status para muitas profissões mais recentes.

Na fantasia de muitos, a questão do status, do prestígio social nem sempre alcançado costuma ser muito presente. Muitos acreditam que se os filhos fizerem tais cursos, já estarão "garantidos na vida" e que poderão ter uma boa vida. O desejo dos pais muitas vezes é até genuíno, mas nem sempre se concretiza, por falta de afinidade do filho em relação à própria atividade. Nessas condições a escolha não atenderá nem aos anseios dos pais e muito menos aos dos filhos.

Por isso, é recomendável que os jovens, principalmente na fase do vestibular, tentem investir tempo na pesquisa sobre profissões, conversem com profissionais que realizam orientação de carreira na escola ou fora dela, e tentem fazer essa escolha muito mais centrados em si mesmos do que na opinião de outras pessoas. Escolher pode gerar insegurança, pois as opções são muitas, mas o jovem deve entender que é possível rever a escolha. Nada é definitivo; você pode mudar. Tendo isso em mente, a escolha fica menos pesada.

As pessoas mudam e o processo de autoconhecimento, sobre o qual falarei adiante, é contínuo. Mudamos nossa percepção do mundo conforme vivenciamos novas experiências e conhecemos melhor o mundo que nos cerca.

Influência dos amigos

Os colegas de escola, os amigos mais próximos também costumam influenciar a escolha profissional. Muitas vezes estão no famoso grupo do "todo mundo", formado por quatro ou cinco pessoas que decidem fazer o mesmo curso ou a passar na mesma faculdade para não perder o vínculo de amizade. Não é raro identificar, na história de vida dos clientes, exemplos como este:

Por que você optou por esse curso?
Porque "todo mundo" estava fazendo ou porque "todo mundo" achava que seria mais promissor!

"Todo mundo" é a justificativa para as inseguranças e para a falta de conhecimento das profissões, do mercado de trabalho, e para o *"não sei o que fazer"*. Assim como a escolha do curso de administração, já rotulado pelos jovens – erroneamente, na minha percepção – como o curso para quem não sabe o que fazer. Quem escolhe um programa desses, mesmo que saiba e queira, é visto como aquele que não sabia o que fazer. Mas há os que fazem por isso mesmo.

Frustrar os pais, que desejam uma coisa que você não pode cumprir, é uma situação complicada, mas quem vive na sua pele é você. Não serão eles que irão ao trabalho todos os dias, desempenhar a atividade por você. Também dependerá de você a iniciativa de procurar, descobrir e conhecer atividades que saiam do seu círculo social mais próximo.

Influência da mídia

Nunca foi tão fácil obter informações como atualmente. O mundo na ponta dos dedos, as mídias sociais e conexões. Você pode fazer pesquisas sobre tudo, mas as pessoas veem aquilo que mais aparece. Difícil saber que existem atividades profissionais se elas nunca estão nas capas de revistas e fazem parte de um universo ao qual você nunca foi apresentado. Como a profissão de encadernador, por exemplo.

Há alguns anos fiz um curso de encadernação. Adoro cadernos e livros e sempre me flagrava manuseando e admirando encadernações antigas. Fiz por curiosidade, por *hobby*. E descobri um universo paralelo. Existem associações, competições internacionais, equipamentos, matérias-primas e materiais diferentes para aplicações diversas, nacionais e importados, ferramentas das quais nunca tinha ouvido falar, fornecedores em vários lugares do mundo. Enfim, há uma gama enorme de atividades e profissões que gravitam em torno da encadernação. O mesmo acontece com todas as profissões.

Fazendo uma analogia, imagine um corredor com várias portas, cada uma delas representando uma profissão. Atrás de cada porta que você abrir, encontrará dezenas ou centenas de outras, relacionadas de maneira que os profissionais possam exercer suas funções com amplitude.

Não se contente com o nome na porta. Abra e vá em frente para descobrir quantos "universos paralelos" existem além daqueles que a mídia apresenta. Com esta atitude, você pode descobrir muitas atividades profissionais além daquilo que parece óbvio, comum e midiático, e que ultrapassam as corporações e a vida executiva.

O mundo caminha para o digital, é verdade. E nesse novo universo também há muitas possibilidades, mas não só nele. Com muita frequência, a mídia, com sua penetração e seu poder de convencimento, ajuda a elevar uma ou outra atividade ao patamar de "a melhor profissão", "a profissão do futuro" ou ainda "a que melhor remunera". Só que algumas nunca chegam a se concretizar na prática, e outras surgem sem nenhum alarde midiático.

Com mais constância do que gostaria, sou consultada por jornalistas que desenvolvem pautas sobre profissões do futuro. É uma pergunta difícil e considero um exercício bem arriscado de "futurologia". Não há garantias de que previsões desse tipo se concretizem. Segundo a empresa de tendências Sparks & Honey, em matéria para o jornal *Valor Econômico*, podemos esquecer o modelo de carreira estável e linear. A empresa propõe uma lista com 20 carreiras promissoras. Achei interessante, mas nada mais são do que adequação às novas necessidades da vida contemporânea, a partir de tecnologias disponíveis. Separei dez das vinte sugeridas na matéria como exemplo:

Conselheiro de produtividade: as pessoas precisarão de ajuda para melhorar produtividade, combinando saúde, bem-estar, gestão do tempo e aconselhamento de carreira.

Curador digital: um especialista que recomenda e mantém seu *rol* de aplicativos, *hardwares* e *softwares* para melhorar a vida pessoal e profissional.

Especulador de moedas alternativas: as moedas virtuais estão ganhando força e isso é uma boa oportunidade para um especialista que se dedique a estudar esse mercado.

Faz-tudo 3D: um especialista em impressão 3D que fabrica tudo o que uma pessoa precisa.

Arquivista pessoal: na era da vida completamente documentada, haverá a necessidade de especialistas para organizar, catalogar e dar sentido aos conteúdos pessoais.

Especialista em desintoxicação digital: a internet estará em todos os lugares, e precisaremos de um profissional para ajudar a nos desintoxicar do mundo virtual e ter uma vida mais saudável.

Consultor de privacidade: esse especialista estudará vulnerabilidades de segurança em aspectos pessoais, físicos e virtuais.

Consultor de carreiras via Skype: consultores de carreira que preparam e ajudam profissionais por meio de entrevistas remotas ou videoconferências, com dicas de etiqueta, aparência e habilidades de conversação.

Condutor de drones: a demanda por drones (aviões não tripulados) pedirá guias experientes.

As mudanças acontecem, e é impossível lutar contra a natureza das coisas. Uma revolução silenciosa se desenvolve e tem intensa relação com as questões digitais, impactando o mercado de trabalho. É a revolução digital das comunicações e dos negócios virtuais. Por outro lado, o mundo não se resume ao ambiente digital. O encantamento e a atração por essa plataforma são até esperados, afinal as manchetes fazem encher os olhos quando falam dos valores pagos aos jovens que criam aplicativos e empresas pontocom. Mas costumo dizer que a bola da vez é sempre a mais cobiçada e a mais concorrida. O importante, na hora da escolha, é não se deixar levar apenas pela moda do momento. A moda passa. As bolhas de negócios também.

A experiência sempre terá o seu valor. Mas se você está em busca de uma trajetória mais consistente, é importante avaliar quanto tempo vai investir e quanto dinheiro está disposto a arriscar. Pode valer a pena. Leva-se mais de dez anos para formar bom profissional. Assim, quanto mais cedo os jovens conseguirem seus estágios, mais cedo entrarão em contato com o que, de fato, é exigido na prática das profissões. Toda experiência é válida.

Nem sei por que escolhi

Na minha rotina de orientação de carreira, encontro seguidas situações nas quais a pessoa não se recorda de influência específica alguma, seja familiar, de amigos, da mídia, de professores ou mesmo de testes vocacionais. Apenas, no momento da escolha, por alguma afinidade com o tema, ou porquê apresentava bom desempenho em determinada disciplina no ensino médio, mesmo sem ter qualquer informação sobre quais as aplicações daquela profissão, sente-se na obrigação de fazer a opção para o vestibular. Uma cliente me contou que fez a opção na hora da inscrição. Simplesmente teve que fazer. Como era de se esperar, não deu muito certo.

Segundo levantamento realizado pelo MEC, estimam-se que 40% das pessoas que passam nos vestibulares mais disputados do país, que são as universidades públicas federais e estaduais, abandonam o curso antes da conclusão. No levantamento do MEC, em números brutos, considerando dados de 2011, e apenas para universidades públicas, encontramos dados alarmantes: número de matrículas abertas – 6.739.689, ingressos – 2.346.695. Desses, menos da metade, ou 1.016.713, concluem o curso. Segundo pesquisa da Associação Nacional dos Dirigentes das Instituições Nacionais de Ensino Superior (Andifes), a taxa média de evasão, nas universidades federais, é da ordem de 13%. A maior taxa de abandono está na área de exatas, notadamente engenharia, que chega a 40%, segundo os dados mais recentes do MEC (2010), em razão da dificuldade que o aluno encontra em acompanhar o nível do curso.

Apresentei as situações de influência mais comuns em minha vivência. Mas identificam-se outras influências: por exemplo, a que se dá por parte de avós e tios, entre outras menos comuns como professores ou alguma amizade da adolescência. É importante lembrar que cabe ao indivíduo conhecer melhor a si para que esteja mais consciente das próprias escolhas. Sempre digo: se você não escolhe, alguém escolhe por você.

Não há, entretanto, em nossa cultura, muito incentivo para esse processo mais introspectivo, apesar de ser extremamente útil e importante para a vida adulta. O autoconhecimento, costumo dizer, é um processo para sempre. Não é correto afirmar que se tem autoconhecimento porque é um processo dialético que não acaba, de trocas contínuas e reflexões com o mundo o tempo todo.

Não há como se conhecer sem viver; e não há como viver sem experimentar, sem vivenciar. Esse processo envolve erros e acertos e muita reflexão, além da capacidade de lidar com os erros, com as diferenças e com as frustrações. Tudo isso faz parte da vida. Algumas crenças em relação à postura diante da vida são como fardos que as pessoas carregam e sofrem, se sentindo limitadas para mudar.

Perceber que algo não vai bem, em qualquer esfera da vida, implica tomar consciência. Na relação profissional não é diferente. Um passo importante para qualquer mudança é se apropriar dos sentimentos e das sensações em relação ao que se faz e a partir daí começar a fazer alguma coisa para mudar.

Não tenho a pretensão de esgotar todas as formas de influência na escolha profissional, e nem quero dizer que são todas negativas. Em muitos casos funcionam bem e resultam em satisfatório desenvolvimento profissional da pessoa. A questão é entender que, às vezes, essas influências podem ser fonte de insatisfações futuras. A proposta não é identificar o culpado, mas se posicionar para tomar decisões mais adequadas em relação aos objetivos, projetos e planos.

Infelizmente, mesmo após esses anos todos dedicado à orientação profissional e de carreira, considero impossível determinar quando e em que momento essas influências são positivas e resultarão em escolhas adequadas, e quando serão fonte de insatisfações profissionais.

Em se tratando de pessoas, não há receitas que funcionem bem para todos. São muitas as variáveis.

Você que é jovem, leia isto:

Minhas dicas para a fase do vestibular e para a primeira escolha profissional:

- Busque algum apoio para seu processo de autoconhecimento
- Identifique disciplinas pelas quais você tenha interesse e investigue profissões relacionadas a elas
- Pesquise profissões nas quais você possa aplicar suas habilidades, principalmente aquelas em que você tem mais facilidade e que sente prazer em realizar
- Pesquise sobre profissões que considere interessantes, faça uma lista e chegue em três para pesquisar mais a fundo.
- Além de achar "legal", deve-se conhecer mais profundamente o que faz um profissional em determinada área
- Não confie apenas nas informações oferecidas pela mídia. Converse com pessoas que exerçam essa atividade
- Sempre que possível visite o ambiente de trabalho, conheça a rotina, o ambiente e as principais características do dia a dia. Observe o que gosta e o que não gosta e liste os motivos
- Pergunte se as pessoas gostam do que fazem e "porquê"

- O que elas precisaram fazer para chegar onde estão
- Busque as motivações para sua opção, que não seja apenas financeira
- Liste o que você considera importante numa atividade profissional
- Descubra se o trabalho é desenvolvido dentro de uma empresa ou fora da organização
- Faça estágios durante a formação. A experiência ajuda a identificar se a escolha está coerente com a expectativa.
- Profissões novas nem sempre têm cursos de graduações reconhecidos
- Se puder, busque orientação de carreira. Há serviços gratuitos que podem facilmente ser identificados através de pesquisa na internet
- Decida por você

Insatisfação com o trabalho

Outros motivos que fazem com que as pessoas queiram rever os rumos profissionais e mudar de carreira ou de área estão relacionados às insatisfações com o trabalho. Pode acontecer e, acontece, de juntar a inadequação da escolha da profissão com o trabalho. Quando se fala em insatisfação no trabalho, é preciso estar atento, pois pode ser que o problema esteja com a liderança e, neste caso, estamos falando de relacionamento ou de modelo de gestão. A insatisfação também pode estar relacionada com a própria atividade, e isso faz muita diferença para o processo de orientação de carreira porque pode gerar atitudes e ações bastante diferentes.

Vejamos então essas duas hipóteses:

Problemas com a liderança

Ao se sentirem infelizes na atividade profissional que desempenham, muitas pessoas passam a acreditar que fizeram a opção de carreira errada. Após alguma investigação, pode-se identificar que a questão não é a opção de carreira propriamente dita, mas o tipo de atividade profissional e a relação profissional no trabalho.

Alguns gestores têm culpa no desenvolvimento desse tipo de sentimento em pessoas da equipe que comandam. São profissionais que fazem a gestão de equipes com base no demérito, beirando, em muitos casos, o assédio moral. O assédio moral no trabalho é caracterizado pela exposição dos trabalhadores a situações humilhantes e constrangedoras, repetitivas e prolongadas durante a jornada de trabalho e no exercício de suas funções, sendo mais comuns em relações hierárquicas autoritárias e assimétricas nas quais predominam condutas negativas, relações desumanas e aéticas de longa duração, de um ou mais chefes dirigida a um ou mais subordinado, desestabilizando a relação da vítima com o ambiente de trabalho e a organização, forçando-o a desistirem do emprego.

Atendi uma advogada de 37 anos, com excelente nível cultural, ótima formação acadêmica, mas que sofria com a sensação de inadequação ao trabalho. Afirmava que nada do que fazia estava bom para sua gestora. Todos os processos que elaborava infalivelmente retornavam da gestora com correções e mudanças, muitas delas substituindo "mas" por "porém". Raríssimas vezes era elogiada por algum processo que tivesse feito, mesmo quando o resultado era bem-sucedido.

Chegou a ganhar causas que renderam alguns milhões para a empresa na qual trabalhava. Mesmo sendo cumprimentada pelos pares, sua gestora direta fazia questão de não mencionar o ocorrido. Ela, por sua vez, extremamente dedicada e automotivada, seguia em frente com seu desempenho tentando evitar demonstrar qualquer ressentimento com a situação. Porém, internamente, começava a se questionar sobre a efetiva qualidade de seu trabalho.

Sentia-se cada vez mais insegura profissionalmente e chegou a pensar que estava condenada a ter que se aposentar naquela empresa, pois não tinha certeza se teria condições de concorrer a qualquer outra oportunidade. Acreditava que era medíocre no desempenho de suas atividades e que, se saísse de lá, talvez não conseguisse trabalhar em outro lugar.

Foi então que me procurou, acreditando que o seu caso seria a mudança de carreira. Ao longo do nosso trabalho, identificamos que a relação com a sua superiora hierárquica era aniquiladora e destrutiva. Neste caso, minha cliente não tinha qualquer problema com a escolha profissional. Realmente gostava do que fazia, seus interesses estavam muito voltados para a área jurídica, falava com entusiasmo dos valores pessoais que a motivavam a trabalhar com o direito. O problema era o lugar onde desempenhava a atividade. Questões particularmente importantes para ela, como o reconhecimento, não existiam naquele ambiente. Ao contrário, eram negadas.

Como sua atitude diante das dificuldades era o enfrentamento, assim também ocorreu na relação de trabalho. Porém, com o passar do tempo – e foram mais de sete anos naquela empresa –, o eterno enfrentamento sem recompensas nem reconhecimento, sempre com críticas e depreciações, foi dando lugar ao sentimento de inadequação, à insegurança e ao medo de enfrentar situações parecidas fora daquele ambiente.

Esse caso ilustra muitos outros que atendi e nos quais, de fato, a insatisfação com o trabalho tinha sido gerada a partir da relação inadequada e insatisfatória com o gestor, ocasionando que seus valores e as expectativas pessoais e profissionais não fossem atendidos.

Sugiro a você, leitor, que promova um questionamento quanto à qualidade do relacionamento com seu gestor. Se você tem a necessidade pessoal do reconhecimento direto, e isso não ocorre, ou ocorre com menos frequência do que você gostaria, avalie se esse lugar é onde você quer estar. Dificilmente as pessoas mudam no que tange ao modelo de gestão. Se você vive uma situação parecida com esta e se questiona quanto à escolha profissional, vale a pena pensar se sua dúvida é gerada pela qualidade da relação que você tem com seus pares e superiores, bem como identificar o que você espera da relação de trabalho.

Insatisfação com o que faz

Nem sempre é fácil identificar que o ponto crítico da insatisfação é a relação com o trabalho em si, e não com os relacionamentos. Boas relações, clima organizacional agradável e, e em alguns casos, remuneração adequada são circunstâncias que dificultam essa identificação. Algumas pessoas demoram a perceber a insatisfação, pois o salário, que inicialmente pode mascarar o problema, com o tempo, se mostra insuficiente para garantir a satisfação. Costumo dizer que o ser humano é o único animal capaz de enganar a si próprio.

Vamos ver o exemplo de um jovem executivo, com idade em torno dos 35 anos, excelente formação acadêmica, fluência em três idiomas, cursos em instituições de renome internacional, e casado. Conseguiu se projetar socialmente a partir da experiência profissional num banco de investimentos. Quando me procurou, disse: *"Não suporto mais fazer o que estou fazendo. Esse trabalho está me fazendo mal. Não concordo com muitas das coisas que são feitas e com o modo como são feitas. Acho que não nasci para isso. Estou subaproveitado."*.

Esse cliente chegou a conclusão de que deveria mudar de carreira, fazer alguma coisa que realmente gostasse, mas o que? Não tinha a menor ideia. Havia iniciado carreira naquela instituição e já estava nela há mais de 12 anos. Acreditava que tinha potencial, mas não imaginava o que poderia fazer, além daquilo que fazia muito bem naquele Banco.

O Banco lhe proporcionava rendimentos muito altos. Só em bônus, os números chegavam a três dígitos. Eu lhe disse que não conseguiria outra atividade que lhe rendesse tanto. Até porque não tinha uma rede de relacionamento sólida. Expliquei a ele que toda mudança de carreira implica perda financeira inicial, principalmente quando se está em ascensão profissional, com bons ganhos. A perda de remuneração inicial é realidade em praticamente todos os casos de mudança de carreira, como já investigado.

E como terminou esse caso? Mesmo infeliz com a atividade profissional, e já sabendo dos impactos dessa insatisfação, principalmente na saúde (tinha sofrido um ataque cardíaco dois anos antes de me procurar), a opção desse cliente foi continuar trabalhando por mais alguns anos na instituição, de maneira a compor uma reserva financeira, antes de mudar de carreira.

Outro cliente, em situação semelhante, ainda jovem, na mesma faixa de 36 anos, engenheiro de formação, com carreira ascendente e trajetória desenvolvida em empresas multinacionais, casado e com um filho, teve atitude contrária. Quando me procurou estava gerente de marketing de um grande grupo multinacional. Porém, apesar da posição estável e mesmo tendo ótimo relacionamento com a equipe e gestores, não se sentia mais motivado a continuar naquela situação. Confessava sofrimento de ter que enfrentar a rotina de trabalho, as negociações com clientes e fornecedores. Tudo havia perdido o sentido e, com tantos anos desempenhando a mesma atividade, se sentia perdido e não sabia o que poderia fazer. Este cliente realmente optou por mudar de área, mesmo aceitando remuneração menor.

A remuneração pode, sim, ser um dificultador para a mudança de carreira. É claro que a questão financeira é ponto de extrema importância para esse processo, mas a efetiva opção não está baseada só no dinheiro. Também está alinhada com valores pessoais, crenças, medos, inseguranças em relação ao novo, status, reconhecimento público, social e familiar, enfim, questões que vão muito além do óbvio tangível.

Insatisfação com as perspectivas

Outro aspecto que faz as pessoas se questionarem sobre a escolha adequada da profissão é a falta de perspectiva acerca da atividade profissional.

Atendi uma jovem fisioterapeuta, por volta de 28 anos, que, aos prantos, dizia adorar o que fazia, mas que se sentia aviltada e desmotivada com os baixos salários e com a falta de reconhecimento profissional. A jovem se mostrava dedicada, estudiosa e com iniciativa. Tinha vindo de origem muito modesta. Custeou sua formação com sacrifício e tudo o que ganhava era investido em especialização. A remuneração que recebia, na clínica em que trabalhava, entretanto, era uma vergonha. Confesso ter ficado constrangida com o valor que ela revelou receber por atendimento. Chegamos a fazer as contas e uma manicure talvez ganhasse mais do que ela. Não estou desmerecendo a manicure, mas o custo e o tempo dedicado para a formação dessa profissional é infinitamente menor do que o de uma fisioterapeuta, ainda mais uma que trabalhe em Unidade de Terapia Intensiva.

Assim, essa cliente me procurou acreditando que havia feito a opção errada de carreira, uma vez que não via perspectiva de crescimento caso permanecesse naquela atividade. Mas não era verdade. Tratava-se de profissional com perfil e valores completamente alinhados ao tipo de atividade que desempenhava. O que lhe faltava era buscar alternativas profissionais que lhe rendessem um pouco mais, para que se sentisse valorizada.

A recomendação foi que se submetesse, por algum tempo, a ocupações extras que poderiam lhe parecer menos valorizadas, como o trabalho em clínicas estéticas, por exemplo. Seriam atividades sem valor profissional para ela, mas que lhe renderiam alguma reserva financeira. Ao mesmo tempo, continuaria atuando na área hospitalar, mesmo com o salário modesto, até conquistar seu espaço e então abandonar o trabalho na clínica estética. Com frequência, digo aos meus clientes que o processo de transição para uma atividade mais significativa compara-se a estar com um pé em cada barco. Os dois barcos vão se afastando e as pernas se abrindo, até chegar ao ponto de ter que escolher em qual dos barcos colocará os dois pés para não cair na água.

O caso da fisioterapeuta é ilustrativo para um caminho possível. Às vezes é preciso fazer concessões, mas claro que sem perder de vista o motivo pelo qual se está fazendo e não se acomodar.

Esse período de transição não é fácil, pois em parte do tempo a pessoa terá que negociar internamente a concessão de fazer alguma coisa de que não goste tanto, mas que não a afaste de seus interesses e, paralelamente, construir a sua verdadeira identidade profissional.

Portanto, é importante investigar se a insatisfação profissional (e, consequentemente o desejo de mudança de carreira) está relacionada com alguns dos aspectos anteriormente mencionados. Nem sempre o caso é a escolha em si, mas o ambiente de trabalho, as suas relações, as perspectivas de crescimento e remuneração, o reconhecimento social, a autonomia, a segurança e a autovalorização no curto, médio e longo prazos.

Mudar de carreira exige esforço, dedicação e persistência. Dependendo da idade, os obstáculos tendem a ser maiores. O *modus operandi* do mercado, principalmente das grandes empresas, muitas delas listadas entre as "maiores e melhores" ou entre as "melhores empresas para se trabalhar" acabam influenciando, senão determinando, alguns pré-requisitos para inserção de pessoas em seus quadros de funcionários. Atualmente, é difícil imaginar alguém na faixa de 35 a 45 anos ingressando numa nova área ou carreira em grandes empresas. Comentarei adiante sobre questões relacionadas com o envelhecimento da força de trabalho e algumas alternativas de carreira e ocupação.

Psicossomática da insatisfação

Assim como o trabalho pode ser fonte e criador de condições para satisfação, também pode ser fonte de grandes frustrações, insatisfações e dores. Em decorrência do lugar de destaque que o trabalho ocupa na vida das pessoas, como fonte e garantia de subsistência, posição social, a falta de trabalho ou mesmo a ameaça de perda do emprego geram sofrimento psíquico, pois ameaçam a subsistência e a vida material do trabalhador e de sua família. Ao mesmo tempo pode abalar a percepção do valor subjetivo que a pessoa se atribui, gerando sentimentos de menos-valia, angústia, insegurança, desânimo e desespero, caracterizando quadros ansiosos e depressivos.

Maria do Carmo Antunes foi minha cliente em orientação de carreira. Nesse processo, abandonou a profissão de contadora, que exercia há 15 anos, e mudou sua trajetória para a de terapeuta da medicina chinesa, atividade que já exerce há oito anos. Convidei–a para compartilhar com você, leitor, um pouco da experiência vivida por ela nessa área, pois, além de ter vivenciado a experiência da mudança de carreira na pele, atualmente se dedica a ajudar profissionais a encontrarem mais equilíbrio e bem-estar na vida através dessa técnica.

Nessa nova carreira, prestando serviços de acupuntura e massoterapia em empresas, e participando de programas de qualidade de vida no trabalho, está em contato com queixas constantes sobre a insatisfação, principalmente profissional, e observa as consequências negativas dessas situações, não só para a saúde, mas também na baixa qualidade de vida percebida pelos seus clientes, em sua maioria executivos. Há muito tempo são conhecidas várias doenças decorrentes de insatisfação no trabalho. Alguns autores tratam do assunto, dentre eles Dejours, com seu clássico *A Loucura do Trabalho*.

Assim, a quatro mãos, introduzirei o tema, afirmando que exercer um trabalho para o qual não se tem aptidão, trabalhar numa empresa que não reconhece seus valores profissionais, ter que trabalhar diariamente com o chefe que não lhe dá oportunidade de crescimento, ou em ambiente hostil, onde há agressividade velada e sofre-se com possível "fogo amigo", quando colegas de trabalho podem "puxar o seu tapete" é, sem dúvida, muito complicado e desgastante, impactando, certamente, na da saúde.

Em minha rotina de trabalho também recebo, com frequência, as queixas sobre problemas enfrentados pelos clientes, geralmente decorrentes ou acentuados a partir da baixa qualidade nas relações de e com o trabalho. Observo queixas comuns de insônia, dores nas costas, dores no estômago, irritação, ansiedade, aumento ou perda do apetite, tristeza, alguns já chegam com o diagnóstico de depressão. Nos relatos das autobiografias também me deparo com episódios de alergias, quadros de síndrome do pânico e acidentes em geral, que servem como ótimas desculpas para o afastamento do ambiente profissional.

A insatisfação com a atividade pode levar a alterações emocionais que, por consequência, desencadeiam alterações no sistema fisiológico. Situações diversas como um fracasso, acidente de trabalho, uma mudança de posição (ascensão ou queda) na hierarquia frequentemente determinam quadros psicopatológicos diversos, desde os chamados transtornos de ajustamento ou reações ao estresse até depressões graves e incapacitantes, variando de acordo com as características do contexto da situação e a maneira como o indivíduo responde a elas. Segundo o Manual de Doenças Relacionadas ao Trabalho, produzido pelo Ministério da Saúde, "o processo de comunicação dentro do ambiente de trabalho, moldado pela cultura organizacional, também é considerado fator importante na determinação da saúde mental."

Ambientes que dificultam ou mesmo impossibilitam a comunicação espontânea, a manifestação de insatisfações, as sugestões dos trabalhadores em relação à organização ou ao trabalho desempenhado, provocarão tensão e, por conseguinte, sofrimento e distúrbios mentais. Frequentemente, o sofrimento e a insatisfação do trabalhador manifestam-se não apenas pela doença, mas nos índices de absenteísmo, conflitos interpessoais e extra-trabalho.

Outros fatores relacionados ao tempo e ao ritmo de trabalho também são importantes na determinação do sofrimento psíquico interligado. Jornadas de trabalho longas, com poucas pausas destinadas ao descanso e/ou refeições de curta duração, em lugares desconfortáveis, turnos de trabalho noturnos, turnos alternados ou turnos iniciando muito cedo pela manhã; ritmos intensos ou monótonos; submissão do trabalhador ao ritmo das máquinas, sob as quais não tem controle; pressão de supervisores ou chefias por mais velocidade e produtividade causam, comumente, quadros ansiosos, fadiga crônica e distúrbios do sono.

Os níveis de atenção e concentração exigidos para a realização das tarefas, combinados com o nível de pressão exercido pela organização do trabalho, podem gerar tensão, fadiga e esgotamento profissional ou *burn-out* (traduzido para o português como síndrome do esgotamento profissional ou estafa)."

A definição de disfunção e incapacidade causada pelos transtornos mentais e do comportamento, relacionados ou não com o trabalho, é difícil.

Na experiência de Do Carmo e, também, segundo a visão da Medicina Chinesa conforme descrito por Ross, no livro *Com-*

binações dos Pontos de Acupuntura – A Chave para o Êxito Clínico, e muitos outros autores da literatura nesta área, a raiva, o medo, a frustração, as preocupações excessivas, as apreensões, tristezas, angústias, euforias, podem promover desequilíbrio nos sistemas de energia conhecidos como Sistema Rim, Sistema Fígado, Sistema Coração, Sistema Baço-Pâncreas, Sistema Pulmão e Sistema Circulação-Sexo.

Cada um dos seis está relacionado com nossos órgãos, nossas vísceras, nossos tecidos e sentidos. Alterações na produção de energia dos sistemas por um tempo prolongado podem originar alterações do funcionamento fisiológico, simplesmente, ou desencadear doenças.

Qualquer parte do corpo pode ser afetada, e algumas pessoas tendem a desenvolver determinadas patologias, e não outras, por conta dos seus "pontos fracos". Os impactos podem variar de acordo com a maneira como cada pessoa reage diante das situações às quais estão expostas, com a maneira como processa os acontecimentos e o modo como expressa suas emoções. Algumas pessoas desenvolvem problemas de pele e outras manifestações alérgicas. Outras podem desencadear problemas gastrointestinais, como dores de estômago ou desarranjos.

As emoções mal elaboradas e não expressas claramente causam, de maneira simplificada, implosões que acabam gerando estragos no organismo. Uma das maiores queixas no meio corporativo é o estresse, que por vezes a impressão é a de que o termo estresse tornou-se uma panaceia.

Os autores brasileiros Júlio de Mello Filho e Mauro Diniz Moreira definem estresse (físico, psicológico ou social) como um "termo que compreende um conjunto de reações e estímulos que causam distúrbios no equilíbrio do organismo, frequentemente com efeitos danosos."

O estresse também pode ser entendido como a relação entre a pessoa, seu ambiente e as circunstâncias nas quais está submetida, que é avaliada e percebida como uma ameaça ou algo que exige dela mais do que suas próprias habilidades ou seus recursos, e que põe em perigo o bem-estar da pessoa. Esta visão é baseada num conceito biopsicossocial do estresse, que considera os estímulos estressores provenientes tanto do meio externo (estímulos de ordem física ou social, como o trabalho), quanto do interno (pensamentos, emoções, fantasias e sentimentos, como angústia, medo, alegria e tristeza).

As pessoas reagem de maneira diferente às mesmas circunstâncias. O que conta é a avaliação subjetiva que cada indivíduo faz da sua situação, não sendo possível determinar com base exclusivamente na situação o estresse que pode provocar.

A insatisfação com a carreira profissional pode levar uma pessoa ao estado de estresse e a desenvolver doenças que podem afetar todas as partes do corpo. Na experiência de Do Carmo com atendimento, no Programa de Qualidade de Vida no Trabalho, algumas são mais comuns e frequentes. A primeira no ranking das queixas no meio corporativo em que atende é o transtorno de ansiedade que obriga o profissional a se afastar do trabalho.

Ansiedade é um estado emocional de apreensão, a pessoa vive na expectativa de que algo ruim aconteça. Geralmente é acompanhada por várias reações físicas e mentais desconfortáveis. Os principais transtornos de ansiedade são: síndrome do pânico, fobia específica, fobia social, transtorno obsessivo-compulsivo e distúrbio de ansiedade generalizada.

Com o avanço das tecnologias, criação de equipamentos e *softwares* que permitem o acesso a informações em tempo real, vivemos a era do imediatismo. A impressão que se tem é que estamos sempre devendo, como se tudo fosse para ontem. As informações precisam ser absorvidas, processadas e os resultados apresentados em questão de segundos. Leva-se tempo para adquirir conhecimento e expertise e as pessoas aprendem de maneira diferente. Entretanto, no meio corporativo, as exigências muitas vezes ultrapassam o limite do razoável em prol dos resultados.

As dificuldades no dia a dia do trabalho variam desde a seleção errada até promoções inadequadas, falta de infraestrutura, recursos materiais e humanos para a execução correta das tarefas, até problemas nos relacionamentos com pares, superiores e colaboradores, além das cobranças, muitas vezes desproporcionais. Apenas para exemplificar, podemos citar a dedicação de noites de trabalho para realização de apresentações na manhã seguinte, ou resultados que precisam ser consolidados para a reunião da tarde sem que todos os dados tenham sido obtidos com outros departamentos, e solicitações com prazos irreais ou sem planejamento.

Como o mercado de trabalho, atualmente, apresenta-se estável, mas com movimentações constantes, a perda do emprego torna-se ameaça permanente aos profissionais que sentem que estão sempre na "corda bamba", sob a hipótese de serem substituídos a qualquer momento caso não se submetam a realizar tais atividades. Esse pode ser o início do processo de desconforto psicológico que se expressa através de um conjunto de sintomas e comportamentos.

Expressões como "vivo com o pensamento no amanhã" ou "penso em mil coisas ao mesmo tempo" é o que Do Carmo escuta com frequência em seu consultório, devido à pressão que seus clientes sentem por terem que apresentar os resultados esperados em tempo muito curto e principalmente quando não existe prazer na realização de tais tarefas.

O fato de estar em uma atividade ou em uma empresa que não agrada, e querer a todo custo sair da situação, faz com que o pensamento projete-separa o futuro, na expectativa de viver situação melhor do que aquela ou simplesmente sair da situação. Esses pensamentos podem dar origem aos sentimentos de angústia, pela possibilidade de uma perda iminente, e consequentemente a ansiedade.

A compulsão alimentar é outra manifestação bastante comum dos estados de ansiedade. Comportamento compreensível, pois comer é algo prazeroso e, se existe alguma insatisfação em algum aspecto da vida, a tendência é buscar outra forma de compensação. Comer, de maneira compulsiva, principalmente doces e alimentos gordurosos que são muito saborosos, é uma forma muito fácil de compensação e as pessoas tendem a buscá-la quase instintivamente, sem se dar conta do que estão fazendo. A consequência dessa compensação pode levar ao desenvolvimento das "Doenças Crônicas não Transmissíveis", como a obesidade, diabetes, doenças cardiovasculares, sendo esta última a responsável pelo maior índice de mortalidade no país atualmente, e também insatisfação com a própria imagem e muitas outras patologias relacionadas ao excesso de peso. A obesidade chegou a índices tão alarmantes que hoje é considerada um caso de saúde pública.

A insônia e o sono não reparador são queixas bastante frequentes das pessoas que estão desconfortáveis com sua vida profissional. Dificuldades para dormir, acordar várias vezes durante a noite, acordar de madrugada e não conseguir mais dormir, sono agitado com muitos sonhos (muitas vezes pesadelos) são comuns quando a pessoa não consegue se desligar, ou que está o tempo todo buscando soluções para problemas.

O sono sem qualidade, não reparador, influencia outros aspectos da fisiologia corpórea, pois diversas funções de manutenção do organismo acontecem durante o sono. Se a mente está com as funções a todo vapor, o corpo acaba por desviar a atenção de outras funções, como a filtragem do sangue através do fígado, que acontece com maior intensidade durante a madrugada.

As apreensões, por consequência, acarretam queixa também muito frequente, que são os problemas ortopédicos, as famosas dores musculares e articulares nas costas e nos braços. O mais comum é a tensão do trapézio (músculo que se estende do ombro e parte das costas até a base da nuca). A região dos ombros é a primeira parte do corpo que recebe a descarga tensional, até mesmo pela proximidade com o cérebro, e esta é a causa de muitos torcicolos.

A tensão do músculo eretor da espinha (músculo que margeia as vértebras da coluna) pode ser a causa de muitos "travamentos de coluna". Esta tensão, na maioria das vezes, é involuntária e imperceptível. Geralmente as pessoas só se dão conta de que isto ocorre quando surge a dor, a contratura muscular e a limitação do movimento.

Uma pessoa insatisfeita com a atividade que exerce terá mais resistência em executá-la. Esta resistência, associada ao estresse do esforço repetitivo, pode desencadear quadros de tendinites e bursites, muito conhecidas como patologias desenvolvidas pelo exercício profissional.

As escolioses (desalinhamento lateral da coluna), hipercifoses e hiperlordoses (acentuação da curvatura normal na coluna) e as hérnias de disco geralmente estão relacionadas à má postura, ao excesso de peso e à falta de atividade física. Mas a percepção, nem sempre consciente, de estar carregando um peso excessivo sobre as costas – e, no caso, a insatisfação com a atividade profissional pode representar esse peso em excesso – contribui para o aparecimento de patologias na coluna.

Problemas no funcionamento do sistema digestivo, como gastrite, má digestão, refluxo, úlcera, constipação intestinal, são queixas também muito frequentes. Segundo Giovanni Maciocia em seu livro *Fundamentos da Medicina Chinesa,* emoções como raiva e frustração promovem alterações na função energética do fígado, que, por sua vez, tem relação indireta com o estômago e intestinos. Ter que aceitar uma situação "goela abaixo", o famoso "engolir sapo", certamente, em algum momento, vai se refletir no sistema digestivo. Se uma situação é difícil de ser digerida, digerir os alimentos também o será. Devido as alterações causadas pelo sistema nervoso, pode ocorrer aumento na produção dos ácidos estomacais, principalmente o ácido clorídrico, causando alterações no pH do estômago, deixando o meio mais ácido do que o normal, ou até mesmo a baixa no sistema imunológico, permitindo que a bactéria *H. pylori* entre em ação, e ambos vão causar lesões conhecidas como úlceras na parede do estômago e do duodeno.

Muitas vezes a situação é tão extenuante que já não é mais possível engolir, e o desejo é de colocar tudo para fora, podendo se manifestar através do refluxo ou até mesmo vômito. Esta é uma reação inconsciente daquele que sofre calado, que não consegue expor em palavras o que está sentindo, mas precisa de alguma forma colocar para fora para não explodir.

A constância do refluxo pode acarretar problemas de laringe, faringe e cordas vocais, pois estas partes não estão protegidas da ação do suco gástrico que pode gerar inflamações, feridas ou até mesmo formação de tumores. A raiva e a frustração contidas, não expressadas, podem também gerar a sensação de "bolo na garganta", como se estivesse o tempo todo com um caroço enroscado que não se consegue engolir. Ao longo do tempo isso também pode vir a se transformar em alguma patologia na garganta.

O estado constante de apreensão, contensão de emoções e a dificuldade em lidar com a vida profissional pode levar à estagnação do fluxo da energia dos intestinos que não vão ter força para impulsionar as fezes, originando a constipação intestinal. O indivíduo que tem dificuldade em se expressar e dar vazão às emoções e sentimentos, que tende a retesar suas emoções e desejos, pode somatizar esses aspectos, transformando-os em alterações do funcionamento intestinal.

A intolerância, a impaciência, o não suportar mais uma situação, podem ocasionar explosões que nem sempre são manifestadas por palavras e atos. Pessoas controladas demais, ou que querem transparecer uma tranquilidade que na verdade não têm, podem expressar essas emoções através das patologias de pele. As alterações emocionais podem provocar alterações no organismo, algumas vezes até baixando as defesas do sistema imunológico, levando ao desenvolvimento dos famosos quadros alérgicos sem causa objetiva ou mesmo de infecções repetitivas, principalmente do trato respiratório e urinário.

De implosões em implosões, emoções não expressadas, o organismo vai sofrendo alterações, alertando o indivíduo de que algo não vai bem e que os caminhos precisam ser mudados. O estado constante de tensão e apreensão pode ocasionar problemas cardíacos. Geralmente começa com taquicardias esporádicas, que acabam sendo negligenciadas ou muitas vezes nem percebidas pelas pessoas que estão totalmente absorvidas pela situação.

Em virtude das frustrações, insatisfações, da falta de perspectivas e/ou reconhecimento, é possível que algumas pessoas não tenham mais vontade de trabalhar, desenvolvam alterações do sono e do apetite, instabilidade emocional, sofram de falta de concentração, dificuldade para raciocinar e tomar decisões, sintam-se constantemente cansadas, sem vontade de se relacionarem no meio social, tenham comprometimento da libido e falta de interesse por outras atividades que lhes deem prazer. Quando uma pessoa desenvolve vários desses sintomas, pode ser o sinal de algo mais grave e a investigação mais profunda é necessária, pois é possível que estejamos diante de um quadro, infelizmente frequente, de depressão.

Muitos acreditam que depressão é "frescura", por isso não admitem que estejam nesse estado, por medo ou preconceito, e acabam não se tratando adequadamente. Mas hoje a depressão é a causa de muitos afastamentos de trabalho e até mesmo de aposentadorias por invalidez. De acordo com o Ministério da Previdência Social, somente em 2013, mais de 61 mil pessoas receberam auxílio-doença em consequência de afastamento por episódios depressivos, número 5,5% superior ao de 2012. A depressão no ambiente do trabalho é um caso crônico, segundo os especialistas. Entre as causas mais comuns responsáveis pelo quadro de depressão laboral estão o assédio moral, o assédio sexual, a discriminação, o estresse, as longas jornadas de trabalho, a competitividade dentro e fora da empresa e a ansiedade por resultados, entre outros.

Pessoas arrastam essa situação por muitos anos porque o próprio enfraquecimento provocado pela depressão os impede de tomar novos rumos, enxergar novos horizontes, sequer pensar numa possibilidade de mudança na carreira profissional. O indivíduo começa a se sentir um fraco, impotente, fracassado, ficando longe da luz da razão que poderia direcioná-lo para outra condição. O primeiro passo, neste caso, é buscar ajuda profissional.

A palavra "psiquiatra", num primeiro momento, assusta, pelo estigma de que psiquiatra é médico de louco. Mas é importante entender que psiquiatra é o profissional que trata de toda e qualquer alteração da mente provocada por alterações bioquímicas, e que muitas alterações emocionais podem ser provocadas por problemas na produção e na transmissão de neurotransmissores, e isso só podem ser resolvidas com medicação adequada.

A psicoterapia é uma técnica muito eficaz no tratamento da depressão e outras alterações emocionais, dispensando em alguns casos o uso de medicamentos, pois ajudará o indivíduo a sair do labirinto em que se encontra, enxergando melhor a situação e até mesmo ajudando-o a descobrir suas reais aptidões profissionais. A imparcialidade do profissional que enxerga a situação sem envolvimentos emocionais e as trocas que ocorrem durante a sessão de psicoterapia podem ser um atalho para um caminho que, sozinha, a pessoa levará muito mais tempo para descobrir.

As terapias naturais, como acupuntura, massoterapia, florais, fitoterapia, yoga, meditação, também podem ser excelentes coadjuvantes no processo de melhora, pois agem sobre a energia do corpo, tanto física quanto psíquica, fortalecendo aspectos importantes como a coragem, a determinação, a tranquilidade da mente. Em resumo, mexem com as couraças atrás das quais os indivíduos se escondem, fazendo com que se sintam fortes o suficiente para dar os passos necessários.

Com o organismo e a mente fortalecidos, muitas outras patologias e sintomas tendem a desaparecer, o que favorece a pessoa a focar no seu objetivo que é a promoção de uma mudança. Porém, é importante entender que, quando o seu maior patrimônio, que é a sua vida e sua saúde, está em risco, alguma atitude precisa ser tomada para mudar esse panorama.

Conflito entre valores e crenças

Conflitos dessa natureza, na relação de trabalho, são, na minha experiência, os mais difíceis de administrar porque esbarram em aspectos difíceis de negociar. Representam concessões complicadas e que na maioria das vezes não se sustentam por muito tempo. De maneira geral, essas duas palavras, valores e crenças, costumam estar presentes no vocabulário executivo e nas conversas de pessoas da área de recursos humanos – todas essas pessoas partem do princípio de que valores e crenças são elementos sabidos por todos. Não são. Aliás, supor que haja um conhecimento, antes mesmo de tê-lo, é prática comum no meio profissional. Vejo sendo utilizados conceitos pouco claros ou de outras áreas, mas que "caem no gosto popular", viram moda e costumam ser usados inadequadamente.

Por isso vou esclarecer, a seguir, da maneira mais objetiva possível, esses dois termos tão importantes para vida e para a carreira, mas nem sempre bem explicados:

O que são valores?

Valor é um conceito que faz parte do estudo da Filosofia, Sociologia, Economia, Psicologia, Antropologia e Política. Na Psicologia, o estudo dos valores está mais relacionado às questões do comportamento e das atitudes dos indivíduos. Na Sociologia, os valores são mais frequentemente abordados como produto das relações sociais e relacionados com "normas" e "representações", ou seja, um conjunto de exemplos que a sociedade propõe nas relações sociais. Para a corrente filosófica do materialismo, a natureza do valor reside na capacidade do ser humano de valorizar o mundo de maneira objetiva.

Costumo descrever valor como aquilo que realmente é importante para nós, o o que priorizamos e de que dificilmente abrimos mão numa situação ou relação. É também o que nos incomoda quando deixamos de atender. Há listas na internet que poderão ser úteis caso você não consiga identificar valores sozinho. Reflita sobre seus atos e reações – é um exercício que pode ajudar muito. Pense em situações do dia a dia que o incomodam, diante das quais você não consegue ficar indiferente e, então, poderá ter uma dica de alguns dos seus valores.

Vou listar alguns, apenas como exemplo, mas vale a pena refletir sobre esse ponto, pois muitas das suas decisões, conscientes ou não, são tomadas com base nesses valores pessoais. Não fique tentado a escolher aqueles socialmente aceitáveis ou politicamente corretos. Esta conversa deve ser com você.

Amizade	*Companheirismo*	*Conveniência*	*Confiança*
Acessibilidade	*Realização*	*Responsabilidade*	*Precisão*
Realização	*Ativo*	*Aventura*	*Carinho*
Agressividade	*Agilidade*	*Vigilância*	*Altruísmo*
Ambição	*Diversão*	*Antecipação*	*Valorização*
Arte	*Assertividade*	*Garantia*	
Atenção	*Audácia*	*Disponibilidade*	*Medo*
Equilíbrio	*Beleza*	*Ser o melhor*	*Pertencente*
Benevolência	*Audácia*	*Coragem*	*Brilho*
Calma	*Camaradagem*	*Cuidado*	*Celebridade*
Certeza	*Desafio*	*Mudança*	*Caridade*
Encanto	*Castidade*	*Alegria*	*Clareza*
Limpeza	*Lucidez*	*Inteligência*	*Proximidade*
Conforto	*Compromisso*	*Compaixão*	*Competição*
Concentração	*Confiança*	*Conformidade*	*Congruência*

Conexão	*Conhecimento*	*Conservação*	*Consistência*
Contentamento	*Continuidade*	*Contribuição*	*Convicção*
Coexistência	*Frescura*	*Cooperação*	*Cordialidade*
Cortesia	*Astúcia*	*Criatividade*	*Credibilidade*
Curiosidade	*Determinação*	*Decoro*	*Deferência*
Prazer	*Confiança*	*Profundidade*	*Desejo*
Determinação	*Devoção*	*Habilidade*	*Dignidade*
Diligência	*Disciplina*	*Descoberta*	*Discrição*
Diversidade	*Dever*	*Dinamismo*	*Ânsia*
Facilidade	*Economia*	*Êxtase*	*Educação*
Eficácia	*Eficiência*	*Elegância*	*Empatia*
Estímulo	*Resistência*	*Energia*	*Diversão*
Entusiasmo	*Ambientalismo*	*Ética*	*Euforia*
Excelência	*Emoção*	*Alegria*	*Expectativa*

(Ver lista completa no anexo)

Pensando na relação de trabalho, selecione aqueles valores inegociáveis, que se não existirem ou forem negligenciados, nas situações profissionais, deixarão você muito aborrecido. Identificar, para você, quais são esses valores fará com que essa lista diminua muito e essa pode ser a sua primeira indicação daquilo que não pode faltar numa relação profissional. Não é exercício fácil para quem tem pouca experiência, mas leve em consideração as relações de amizade, por exemplo. Seus valores são sua bússola. Se você não souber o que é importante para você, correrá o sério risco de escolher pelos valores de outras pessoas e descobrir que a escolha não faz o menor sentido para você.

O que são crenças?

De maneira bastante simplificada, trata-se de uma ideia ou um pensamento nos quais se acredita e que são aceitas por verdadeira ou real, mesmo sem provas consistentes; também pode ser uma opinião firme sobre algo, mesmo sem fundamentação. Ainda hoje, parece não haver consenso entre autores sobre como elas se formam, apesar de haver certa convergência de que são elas que motivam o modo de agir das pessoas.

Segundo Gustave Le Bom[1], uma crença é um ato de fé de origem inconsciente, que nos força a admitir em bloco uma ideia, uma opinião, uma explicação, uma doutrina. Se a exatidão da crença é verificada mais tarde pela observação e a experiência, deixa de ser crença e torna-se conhecimento. A crença orienta os pensamentos, as opiniões e, por conseguinte, a maneira de proceder.

Também é definida como a firme convicção e a conformidade com algo. A crença é a ideia que se considera verdadeira e à qual se dá todo o crédito; convicção íntima; opinião que se adota com fé e convicção.

Para Dilts, as crenças são as estruturas mais importantes do comportamento. Segundo ele, "quando realmente acreditamos em algo, nos comportamos de maneira congruente com essas crenças".

Muito bem, se os valores eu comparei com a bússola, as crenças seriam o mapa, o que vai guiar você no caminho a seguir, e a como agir.

Assim, a partir da definição dos conceitos, fica mais fácil transitar sobre essas ideias tão importantes para a vida das pessoas e, em muitos casos, negligenciadas. Primeiramente, não é comum as pessoas serem questionadas sobre quais são seus valores. Isso pode até acontecer em alguma entrevista de trabalho, mas de fato é in-

---

[1](1831 – 1941) psicólogo social, sociólogo e físico amador, francês, autor de várias obras tratando do comportamento de manada e psicologia de massas

comum. Não se pergunta numa roda social, num coquetel, "quais são seus valores?". Entretanto, são eles que norteiam suas escolhas, esteja você consciente disso ou não. Já disse e repito: quanto melhor você se conhecer, mais adequadas serão suas escolhas.

Os valores e as crenças são forjados desde o nascimento e reforçados pelas relações familiares e pelo meio onde o indivíduo está inserido. Com o tempo, acabam sendo internalizados e reforçados. Nem sempre as pessoas se dão conta de quais são os valores determinantes quando estão fazendo escolhas. Isso, mesmo nas opções mais simples, como escolher qual será o caminho que você fará para ir à reunião de trabalho. Como?

Explico. Por exemplo, se entre seus valores estão a pontualidade e responsabilidade, você provavelmente estudará a rota antes de sair de casa, sairá mais cedo para pegar menos trânsito, e não se arriscará fazendo um caminho diferente para não correr o perigo de se perder e chegar atrasado. Verificará se o carro tem combustível, procurará se informar a respeito das condições do trânsito e se programará para chegar antes do horário.

Há todo o encadeamento de ideias que priorizarão suas escolhas para atender a este valor. Certamente, você também vai esperar das pessoas com quem convive a mesma atitude. Os outros podem até achar você um chato, mas é mais forte do que você. Se for selecionar candidatos para trabalhar em sua equipe, esse será um dos pré-requisitos da avaliação. No relacionamento social, também notará aqueles que sempre se atrasam. E, se tiver filhos, reforçará as atitudes deles que demonstrem os atributos da pontualidade e responsabilidade.

Eu arriscaria dizer que existe uma escala interna, e por isso não há lista de melhores ou piores para comparar. Há valores para os quais há certa flexibilidade, dentro da subjetividade de cada pessoa. Porém, há outros que realmente são viscerais e aí, quando se chega a eles, acredito (*crença minha!*) que haja pouca ou nenhuma flexibilidade ou tolerância.

Atendi uma executiva de vendas, arquiteta, 37 anos, fluente em três idiomas, que trabalhava numa indústria de bens de consumo voltados para classe AAA. Os proprietários eram estrangeiros e o desempenho dessa executiva era acima da média. Seu trabalho era impecável e os resultados de vendas invejáveis. Era excelente no relacionamento interpessoal, com os clientes e também para a formação e treinamento de equipes. Por isso, ao longo do tempo foi ascendendo profissionalmente.

Este crescimento propiciou que tivesse acesso a informações privilegiadas da administração do negócio. Ao ficar sabendo do que até então não sabia, de como as transações eram feitas pelos sócios, passou a se sentir muito desconfortável. No princípio, tentou "flexibilizar", pensando que o negócio não era seu, que continuaria apenas vendendo. Mas esse pensamento não deu certo e a situação começou a ficar insustentável internamente para ela. Um dos valores dessa cliente era a ética nos negócios – quando soube de algumas atitudes pouco éticas dos proprietários, não conseguiu tolerar. Sua atitude mudou diante do conhecimento de informações que eram contrárias aos seus valores. O desempenho continuava excelente, mas a atitude para com a equipe se modificou. Afinal, insatisfeita, pediu as contas, afirmando ser impossível continuar a trabalhar numa empresa cujos valores eram opostos aos dela. Não tinha outro emprego em vista. Saiu por conta do conflito de valores.

Esse tipo de situação é mais comum do que pode parecer. O mais adequado, se for impossível lidar com os sentimentos e conflitos que essas emoções promovem, é identificar uma nova atividade antes de sair do emprego atual.

Outro caso, este para exemplificar como valores e crenças podem ser determinantes na tomada de decisões profissionais: um executivo da área industrial, japonês, 38 anos, trabalhava há cerca de 12 numa multinacional norte-americana de grande porte. Estava insatisfeito e infeliz com o trabalho. Procurou-me para o trabalho de assessoria em recolocação. Disse que não suportava mais a relação de trabalho, que estava adoecendo e que queria ajuda para sair de lá.

Orientei-o a manter-se no emprego atual, apesar da insatisfação, e prospectar o mercado. Teria uma condição melhor para negociação de ofertas salariais, e ele não sofreria com o período de desemprego, uma vez que o tempo para recolocação para alguém na posição dele poderia demorar alguns meses. A resposta dele, no entanto, foi a seguinte. *"Eu não posso fazer isso. Tenho que sair da empresa e só então prospectar o mercado."* Conversei com ele para entender os motivos de não seguir minhas orientações, depois que apresentei tantos argumentos positivos para a sua permanência na companhia. A resposta dele foi algo assim: *"Não posso prospectar enquanto estiver trabalhando, porque eu não estaria sendo ético com a empresa. Estaria traindo a confiança deles e eu acredito que essa atitude não seja correta."*.

Neste caso, pude identificar que valores como ética, lealdade e confiança eram muito importantes para o meu cliente. A crença de assumir as responsabilidades por seus atos, a despeito das possíveis dificuldades futuras, também. Seria nobre da parte dele finalizar primeiro esta relação para, só então, dar início a outra. Acreditava que as relações devam ser dessa maneira, e que precisava ser fiel a si mesmo e à empresa. Tudo isso fez com que ele pedisse demissão para então iniciar o processo de assessoria.

No exemplo a seguir, extraído de uma autobiografia produzida a meu pedido por um cliente, fica clara a crença, mas também a reflexão de que "com o tempo as coisas vão melhorar", espécie de pensamento mágico de que as situações se resolverão sozinhas. Segue fragmento do relato:

"Tenho a impressão de que passei vários anos me conformando com o fato de a vida não estar me agradando, pois esperava que num futuro próximo tudo ficasse melhor. Bastava vencer mais aquela etapa e tudo se resolveria logo. Foquei no resultado e nada mais. Quando as coisas pareceram interrompidas e os caminhos bloqueados, comecei a desanimar. Que fazer? Voltar ao estado anterior de esforço para ver se as sensações ruins desapareciam. Não deu certo."

Há situações em que o mal-estar em relação ao trabalho acontece sem, no entanto, a pessoa conseguir identificar o que não vai bem. Tem ideias difusas e se concentra nos sintomas físicos. Sente, por exemplo, desânimo, insônia, sofre com as lesões por esforço repetitivo, gastrites, desenvolve depressão, sofre seguidamente pequenos acidentes que afastam temporariamente do trabalho. Além dos sintomas físicos, nem sempre associados à insatisfação profissional, também costuma chegar atrasada com frequência, usa todo o tempo livre para "aproveitar a vida" e, no trabalho, o rendimento diminui. Demonstra pouco interesse e envolvimento com suas atividades, atrasando ou boicotando projetos e processos. Costuma, em alguns casos, se autossabotar, buscando consciente ou inconscientemente ser demitida, isentando-se dessa maneira da responsabilidade de pedir demissão. As questões financeiras envolvidas também podem contribuir para esse tipo de atitude, pois é mais vantajoso ser demitido do que pedir demissão.

Em situações como essas é preciso investigar melhor o contexto e conhecer melhor a história de vida da pessoa. Ela, sozinha, muitas vezes, não consegue identificar que o problema pode ser resultado da crise entre o que ela faz e o que gostaria de fazer, ou entre quem ela é e o que gostaria de ser, ou entre onde ela está e onde gostaria de estar. Ou todas as anteriores.

O perfil multifuncional

Há pessoas que demonstram ser multifuncionais, ou seja, têm múltiplos interesses, facilidade para aprender e aplicar conhecimentos e habilidades em diversas áreas. Considero relevante falar disso porque muita gente considera isso um defeito – quando na realidade não é.

Muita gente acredita – e estão enganadas – que as pessoas devem nascer com apenas uma habilidade específica. Esse engano certamente se deve às ideias de "dom" ou "vocação". A origem das palavras, juntamente com a história, ajuda a compreender esses conceitos amplamente divulgados.

O **dom,** do latim *donu,* significa presente, dádiva, dote natural, capacidade ou habilidade natural, considerado como concessão da Providência. Seria algo inato, que nasce com a pessoa, aquele "algo especial" que lhe permite realizar determinada tarefa com facilidade. É geralmente observado nas artes e nos esportes. Para os antigos romanos, cada ser humano nasceria com um dom, uma determinada capacidade que lhe foi ofertada por Deus, um presente divino.

Vocação também tem sua origem no latim *vocare, vocatine,* que significa chamamento, predestinação. Tem também o significado de pendor ou disposição, tendência para qualquer estado, ofício, profissão, disposição natural do espírito; índole. A vocação seria a inclinação para exercer determinada profissão ou um talento (aptidão natural) para executar algo. O sentido original expressa um chamado espiritual para que as pessoas sigam uma religião ou uma missão divina destinada a alguns cristãos para exercerem o sacerdócio. A vocação sacerdotal é vista como um chamado de Deus por aqueles que se sentem inclinados a exercerem o ministério paroquial. A vocação profissional seria formada por um conjunto de aptidões naturais e interesses específicos do indivíduo que o direcionam na escolha de uma profissão.

Desta maneira, ter habilidade para várias atividades parece ser um desastre, como se a pessoa não fosse boa para nada. A maioria das pessoas que atendi, com essas características, não conseguia perceber que é possível ser muito boa em diversas atividades. A pessoa multifuncional não é vista e nem se vê com bons olhos – considera-se que a aptidão e o interesse por várias atividades e conhecimentos são tomados como uma espécie de maldição. Bobagem!

A multifuncionalidade não só é uma vantagem, mas uma meta que as empresas têm perseguido. Porém, nosso modelo educacional enfatiza a especialização. É uma herança do período da industrialização maciça, iniciada na década de 1930, quando passou a predominar a doutrina da especialidade: na indústria automobilística, por exemplo, fulano era especializado em apertar o terceiro parafuso da roda esquerda, e era aplaudido por isso. A escola, no Brasil, principalmente o movimento chamado de Escola Nova, idealizado pelo pedagogo norte-americano John Dewey, com base no pensamento do filósofo alemão de Émile Durkheim sobre os fatos sociais, foi instrumento para transformações sociais, políticas e econômicas pretendidas pelo então presidente do Brasil Getúlio Vargas. Na educação pragmática, a pretexto de privilegiar e respeitar a individualidade, premiava-se o aluno que lograva se especializar em algo. Não foi uma renovação ruim da educação brasileira – aliás, alguns importantes educadores participaram do processo, como Fernando Azevedo, Lourenço Filho e Anísio Teixeira. Apenas não levou em conta que o chamado profissional generalista também tem o seu papel na sociedade.

Por isso, ainda hoje, pessoas que não atendem essas prerrogativas educacionais, e não se satisfazem com uma área de concentração, ou mesmo descobrem outros interesses em seu período de formação acadêmica formal, se sentem diferentes e inadequados.

Eu considero que as profissões exigem mais das pessoas do que aquilo que uma graduação pode oferecer, e que o interesse das pessoas também vai muito além do que apenas aquilo que praticam em suas vidas profissionais.

De fato, a multifuncionalidade é hoje uma exigência do mercado de trabalho. Considera-se que, no dia a dia, as pessoas podem dar muito mais do que está descrito no seu contrato de trabalho, só que nem sempre isso fica claro na contratação. Para atender as atuais demandas do mercado, as pessoas precisarão desenvolver a capacidade de apreender conhecimentos, estar preparadas para disponibilizar soluções aos diversos problemas enfrentados pelas empresas, e também mostrar interesse por áreas que fujam de sua formação inicial.

Não é raro, e é até desejável, que a pessoa busque ampliar e diversificar seu leque de conhecimentos, partindo para cursos de pós-graduação ou extensão fora da área de formação. Advogados buscam cursos de extensão em finanças ou marketing, engenheiros procuram especialização em agronomia, enfermeiros, em gestão de pessoas. E há quem simplesmente queira ampliar o conhecimento em áreas aparentemente sem conexão com a formação de origem, entre elas filosofia, antropologia, psicologia. As possibilidades e interesses são imensos e sem dúvida enriquecem e ampliam a visão de mundo.

Também há um entrave da nossa legislação, que pretende proteger o trabalhador: o empregado não pode ser contratado para ficar à mercê do empregador. Deve ser contratado para exercer atividades que estejam de acordo com sua qualificação profissional. Há outro ponto que pode inicialmente ser um complicador, que é o despreparo dos profissionais da área de recrutamento e seleção para lidar com candidatos de perfil multifuncional. Na sua grande maioria, infelizmente, costumam ter rigidez e pré-determinismo para análise dos perfis às vagas de emprego.

Esse profissional de recrutamento e seleção, mais do que qualquer outro, deveria evitar a todo custo rótulos e pré-julgamentos. Existem pessoas que se formaram em áreas diferentes das requisitadas pelo solicitante, o que não invalida o fato de que são ótimos profissionais, desejando fortemente mudar de ramo de atuação. O profissional da área de seleção deve ser aquele que consegue perceber além do óbvio, além do currículo e das aparências, e isso só será possível quando se libertar dos crivos e da aderência ao convencional. Se aquele que seleciona não perceber o valor das qualidades do candidato, não conseguirá identificar excelentes perfis, apenas porque fogem do padrão comum.

É possível ser ótimo pesquisador e ainda ser excelente palestrante. Nem sempre se dá essa convergência de habilidades, mas, quando ocorre, pode ser um sucesso. Dei este exemplo porque, neste caso, as competências e atitudes de um perfil seriam antagônicas às do outro. O pesquisador tenderia a ser mais introvertido, paciente, dedicado e persistente para o levantamento de dados, com habilidade para análises e sínteses e para escrever textos acadêmicos. Do palestrante, espera-se que seja mais extrovertido, falante, entusiasmado, envolvente, dinâmico, com excelente fluência verbal e facilidade no relacionamento interpessoal. Essa convergência é difícil, mas muito possível para uma pessoa com perfil multifuncional.

Também não é raro encontrar profissionais de marketing envolvidos com atividades de finanças ou controladoria, designers que também são escritores, engenheiros que atuam como músicos à noite, médicos que se dedicam às artes plásticas ou aos esportes.

Atendi vários clientes com tais características de comportamento. Quando lhes dizia que tinham perfil multifuncional, a ideia era recebida inicialmente com certo pesar. *"Não sirvo para nada específico, então?"*. Quase um lamento.

Minha resposta: "Você serve para muitas coisas que desejar fazer. O difícil será conciliar todos os seus interesses e manter o foco em apenas alguns deles.".

Pessoas com esse perfil aprendem depressa e por isso também podem perder rapidamente o interesse nas atividades, porque precisam sempre se sentir desafiadas. Geralmente, gostam do imprevisto, têm jogo de cintura e são flexíveis. Podem ser autodidatas, adaptam-se com facilidade, em razão de transitarem em vários universos e fazerem conexões com diversas experiências e conhecimentos adquiridos. Têm, quase sempre, ótima fluência verbal, costumam ser bons negociadores, apresentam soluções para os mais diversos problemas, mesmo sem ter profundo domínio sobre o assunto – isso porque tendem, com mais facilidade do que a média, a associar experiências anteriores e as aplicar a problemas atuais. E gostam disso.

Seus interesses são os mais variados. Lembro-me de uma cliente que trabalhava com planejamento numa agência de publicidade. Muito ansiosa com o fato de ter múltiplos interesses, ela dizia: *"Meus amigos têm interesse por aquilo que eles fazem. Pesquisam sobre o trabalho deles. Eu me interesso por tudo, filosofia, tarô, astrologia, música, seriados de TV, aplicação das cores, nada a ver com o que eu faço."*

Eu disse que, na verdade, tinha tudo a ver com o que fazia. Ela precisava estar antenada nos conceitos e nas ideias das mais diversificadas fontes para que essas informações e conhecimentos estivessem ao seu alcance quando precisasse deles no planejamento de novos projetos para seus diversos clientes. Isso a deixou mais tranquila com seus múltiplos interesses.

Pessoas com essa característica podem sentir alguma dificuldade para identificar a opção profissional, uma vez que nosso modelo educacional restringe bastante as escolhas. O ideal seria que, ao selecionar uma faculdade, houvesse também a possibilidade e o estímulo adequado para frequentar disciplinas de outras áreas e que houvesse uma gama de programas que ampliassem a percepção do mercado e o desenvolvimento de outros conhecimentos, como artes, gastronomia, teatro, música, filosofia, ciências, redação. Dessa maneira, os multifuncionais teriam chance de experimentar outras áreas e se desenvolverem paralelamente, além de facilitar, para as pessoas em geral, a identificação de diferentes oportunidades de carreira.

Eu sei o que não quero, só não sei o que quero!

Essa afirmação é muito comum no meu dia a dia e costuma vir um pouco antes ou um pouco depois da frase título deste livro (*"Tô perdido!"*). Se você também já pensou isso, saiba que é mais comum do que você possa imaginar. Entretanto, saber o que não se quer não ajuda muito no processo de orientação profissional. Saber minimamente o que se deseja profissionalmente pode representar a luz no final do túnel.

Não saber o que se quer só piora quando vem acompanhado do *"eu também não sei o que eu quero!"* ou *"faço qualquer coisa, só não quero continuar a fazer o que estou fazendo agora"*.

Quando essas afirmações acompanham o "Tô perdido!", confesso que, se houvesse trilha sonora na vida, viria acompanhado da música do filme Missão Impossível. Sim, leitor, é um desafio também para o orientador profissional. Não pense você que esse profissional vai dar todas as respostas para os seus dilemas profissionais. Não! Será uma construção. Na verdade uma escavação, um processo quase arqueológico de levantamento de informações, influências, aspirações ocultas, e depois sim, uma construção. Vou explicar esse processo mais à frente neste livro.

Vou explicar os motivos pelos quais o "saber o que não se quer" é um cenário complexo.

Se trabalharmos por exclusão, ou seja, se retirarmos da lista das possibilidades aquela que a pessoa afirma não querer mais, a atividade que ela conhece e não gosta, geralmente baseada na experiência profissional, isso é muito pouco em relação às inúmeras possibilidades de atuação no mercado de trabalho.

O desejo de se livrar da situação de conflito, da angústia, ansiedade e desprazer geral que a atividade profissional proporciona é tão grande que a pessoa pode tomar decisões das quais se arrependerá por muito tempo. Acompanhei vários casos de pessoas nessas condições, desesperadas para deixar o trabalho.

Houve um caso específico de um administrador de empresas, em torno dos 35 anos, que se confessava infeliz com a atividade que desempenhava. Essa insatisfação e a vontade de deixar o emprego já o ocupavam há cerca de dois anos. A empresa em que ele trabalhava, um grupo nacional de médio porte, que por muito tempo tinha sido líder de mercado no seu segmento, estava perdendo posições para concorrentes. Nesse momento, para que a empresa voltasse a ser competitiva, também precisava reajustar sua rota e, entre as ações estratégicas, propôs um Plano de Demissão Voluntária (PDV).

Meu cliente não pensou duas vezes. Considerou que, depois de 14 anos na empresa, sem perspectivas de crescimento, seria a melhor oportunidade para deixar a empresa e ainda sair com algum amparo financeiro. Acreditou, sem fazer uma avaliação mais apurada do seu perfil em relação ao mercado. Queria era se livrar daquela relação que já não o satisfazia há bastante tempo. Olhando apenas para o microcosmo da empresa e do negócio em que atuava, acreditou que não encontraria dificuldades para retornar ao mercado. Afinal, ele alegava que o trabalho dele muito bom, mas não tinha reconhecimento dos pares e superiores.

Aderiu ao plano e saiu da empresa. Mas, nos 14 anos de empresa, não se atualizou, não fez cursos de reciclagem, pós-graduação, não tinha fluência em idiomas. Sua atividade era muito específica, dentro do negócio em que atuava, e seus relacionamentos eram específicos do segmento. Exatamente o segmento em que não queria atuar mais. Foi um processo bem difícil.

Um mundo de opções

Para o leitor ter uma ideia do número de profissões existentes no Brasil, basta consultar o Cadastro Brasileiro de Ocupações (CBO), referência obrigatória dos registros administrativos que informam os diversos programas da política de trabalho do país. É também ferramenta fundamental para estatísticas de emprego-desemprego, estudo das taxas de natalidade e mortalidade das ocupações, planejamento das reconversões e requalificações ocupacionais, elaboração de currículos, planejamento da educação profissional, rastreamento de vagas e serviços de intermediação de mão de obra.

Atualmente, existem catalogados 596 grupos de base (ou famílias ocupacionais), nos quais se agrupam 2.422 ocupações e cerca de 7.258 títulos sinônimos. Se eliminarmos aquela atividade que a pessoa exerce no momento e que lhe causa tamanha insatisfação, teríamos ainda uma listagem enorme de atividades que poderiam ser exercidas, levando-se em conta o universo geral.

Não é útil apresentar uma lista gigantesca como esta no momento em que a pessoa se encontra desesperada e sem perspectivas. As dúvidas, angústias e os conflitos só aumentariam. Seria como colocar mais lenha na fogueira. Poder-se-ia gerar até a sensação de impotência, pois não é raro ter pensamentos dessa ordem: *"Será que eu sirvo para alguma coisa?"*.

Nessa fase, aos olhos de quem vive o conflito, parece que a humanidade inteira é feliz no trabalho, menos ele. O foco da percepção volta-se para as pessoas que parecem bem-sucedidas, felizes e realizadas ao seu redor. A autoestima desaparece e entra em cena, novamente, a comparação com "todo mundo". É frequente escutar afirmações do tipo:

"Todo mundo que conheço se dá bem profissionalmente, menos eu."

"Todos os meus amigos de faculdade estão bem colocados e ganhando bem."

"Parece que todo mundo sabe o que quer da vida e eu não sei o que fazer."

É fato que vivemos numa sociedade em que os modelos servem de exemplos. Algumas revistas, entretanto, com claro propósito comercial e sem comprometimento com orientação de carreira, auxiliam muito na geração de falsas expectativas em relação às várias atividades profissionais. Deve ficar claro que o propósito da revista é vender e não servir de guia para escolha profissional confiável.

Algumas matérias jornalísticas enfatizam o quanto pode ganhar o profissional em início de carreira em determinadas profissões. Só se esquecem de informar que aqueles salários, muito possivelmente, são a exceção, e não a regra. Sim, existem profissionais que ganham muito bem, mas estamos falando de minoria, e geralmente são aqueles que também somam qualificações altamente desejáveis e difíceis de encontrar, o que no jargão das consultorias chama-se "mosca branca".

Quando as pessoas comparam o quanto os personagens da revista estão ganhando e olham para seus holerites, sentem-se frustradas e desapontadas, além da sensação de que, apesar dos esforços, estão fracassando. Já escutei afirmações do tipo:

"Eu segui tudo o que a revista recomendou, mas não consigo encontrar um trabalho". Ou ainda: *"O que é que eu fiz de errado? Não consigo encontrar trabalho que me agrade, apesar de todos os investimentos que fiz."*.

Vale ressaltar que, quando as escolhas são feitas com bases em fatores extrínsecos, ou seja, remuneração, status, prestígio, sem que estejam alinhados minimamente com fatores intrínsecos, como crenças, valores, objetivos, interesse e propósito de vida, a tendência de não se sentir adaptado é muito grande. O desempenho, comparado ao esforço empreendido para a realização da tarefa, produz resultado medíocre. Mesmo frequentando os melhores cursos, poderá não render e desempenhar tanto quanto alguém que tenha essas questões alinhadas.

Há casos de pessoas que aprendem a tarefa e até se adaptam ao trabalho, desempenhando as tarefas muitíssimo bem, mas que internamente se sentem frustradas. Atendi clientes com esse perfil: uma delas, trabalhadora altamente comprometida profissionalmente. Sua história de vida levou-a a fazer uma escolha muito clara, já na adolescência, com o objetivo de atingir autonomia financeira o mais cedo possível. Nasceu em família de origem humilde, sem posses, mas que a incentivava nos estudos na esperança de que viesse a ter uma vida mais confortável do que os pais tiveram e puderam propiciar-lhe. Escutava que só se alcança resultados com muito esforço e trabalho. Também costumava escutar que não poderia reclamar do trabalho e da longa jornada, pois havia muita gente sem emprego e que ela era privilegiada.

Sempre esforçada, foi construindo a sua independência. Graduou-se numa faculdade mediana, mas compensou no rendimento profissional porque era muito dedicada, aplicada e estudiosa. Casou-se com uma pessoa que comungava dos seus valores e crenças profissionais. Ambos eram muito dedicados e esforçados em suas atividades. Ingressou numa multinacional e lá recebeu incentivos para se desenvolver. Começou a trabalhar numa área de que não gostava, mas resignada e firme em seu propósito de ganhar dinheiro e ter autonomia. Imaginou que esse fator não faria diferença naquele momento.

O acordo interno que tinha consigo mesma era de que qualquer sacrifício e dedicação extra valeriam a pena para atingir a desejada autonomia financeira. Chegou a passar temporada no exterior por conta da empresa, onde desenvolveu projetos interessantes, porém sem muita empolgação.

Retornando ao Brasil, recebeu convite de outra multinacional do mesmo segmento, não mais na área de suporte. Como se sentia já insatisfeita, aceitou o novo desafio na área comercial. A mudança de área lhe fez bem, inicialmente, pois desafios não eram problemas para ela. Continuava não gostando do que fazia, mas seus resultados eram excelentes. A indigesta atividade profissional continuava lhe rendendo bons frutos materiais: as recompensas financeiras eram ótimas. Decidiu, então, que queria ser mãe, projeto que vinha sendo adiado por conta da busca pela tal autonomia financeira.

A maternidade lhe trouxe outra perspectiva de vida. A autonomia financeira, já havia conquistado. Havia feito viagens internacionais, cursara excelentes escolas, adquiriu carros novos, dois bons imóveis em bairros valorizados, mobiliou de acordo com seus desejos o quarto do bebê, e ainda possuía boa reserva financeira. Costumo dizer que, por conta do hábito, algumas pessoas não percebem que já chegaram onde queriam. Era o caso dessa cliente: a autonomia financeira desejada já tinha sido atingida há algum tempo.

Mas a insatisfação profissional chegou em um ponto insuportável. Quando me procurou, disse:

"Não aguento mais fazer o que eu faço. Tampouco sei o que poderia fazer daqui para frente. Não sei identificar o que gosto ou gostaria de fazer, só sei que não quero mais fazer o que estou fazendo, nem lá, nem em qualquer outra empresa. Tenho consciência de que as propostas que surgirão serão para fazer o que faço, mas em outro lugar. Isso eu não quero mais."

O fato de ter flexibilizado sempre, a vida profissional toda, para atingir seu objetivo deixou-a, por assim dizer, com a bússola interna enferrujada. Foi bem-sucedida em atingir seu propósito, e tinha consciência disso. Uma vez atingido, as concessões passam a ser pesadas demais e era dessa maneira que ela se sentia.

Perdeu, ao longo do tempo, o contato com os aspectos prazerosos da vida. Impunha-se rotinas rígidas, era extremamente rigorosa nas relações pessoais e sociais. Com os subordinados, não aceitava desculpas – afinal, ela fazia sacrifícios e, se sacrificava, todos ao seu redor deveriam fazer o mesmo.

Os resultados vinham, mas toda essa exigência e controle trazem consigo um grande peso. A mesma postura e atitudes se refletiam com o filho. Sentia-se culpada, pois não queria ser daquele jeito, mas "não sabia fazer de outra maneira".

Desenvolveu o que eu chamo de "máscara profissional". Ao longo do tempo precisou fazer muitas concessões para atingir seu objetivo, foi se deixando levar pelo "personagem profissional em tempo integral." Mas chegou o tempo em que o personagem não atendia mais.

A máscara profissional

Alguns profissionais que atendi verbalizaram exatamente a questão do desenvolvimento da "máscara profissional". A descrição da sensação foi algo como: *"Você não é quem desempenha ser. Mantenho a máscara profissional, mas na verdade sinto insegurança comigo mesma, não sei se sou capaz."*.

No caso do papel profissional, a pessoa, em função dos ganhos sociais diretos ou indiretos, sejam eles a remuneração, status, poder, algum reconhecimento e às vezes nem isso, vai deixando para trás, aos poucos, seus projetos de vida, seus sonhos mais secretos.

A máscara do profissional bem formado, com trajetória "bem-sucedida" é intensamente reforçada pelas pessoas que o cercam e pelas quais se deixa cercar, que impõem e cobram violentamente determinadas escolhas, posturas e atitudes, nem sempre de acordo com o que ele, por detrás da máscara, realmente quer.

A imagem do sucesso social, amplamente divulgada e vendida pela mídia e glorificada pela nossa cultura, é muitas vezes conquistada à custa de desempenho artístico tal que o personagem sequestra o ator. O ator não sabe mais quem ele é e só reconhece a máscara.

Vemos exemplo disso no conto *O espelho*, de Machado de Assis, no qual o jovem pobre, de cidade pequena, é nomeado alferes da guarda nacional (cargo que hoje equivaleria ao de subtenente) e torna-se centro das atenções da família e também da cidade onde morava. Tudo o que lhe interessava, a partir de então, estava relacionado ao cargo de alferes. Certo dia, sozinho em casa, sem estar vestido, decide olhar-se no espelho. Para seu desespero, não apareceu no espelho a sua imagem nítida, mas uma figura esfumaçada. Não houve meio de conseguir ver sua imagem nítida refletida. Vestiu, então, o uniforme de alferes e voltou para diante do espelho. E lá surgiu, no reflexo, a imagem nítida. Quem estava ali, refletido no espelho, era o alferes, como ele passou a se reconhecer.

A pressão social do grupo sobre o indivíduo é tanta que, em certos casos, fica difícil renunciar ao que foi conquistado com determinada máscara. É preciso muita coragem e determinação para romper com valores atribuídos e assumidos com o estabelecido e cristalizado. A rigidez é tamanha que não é permitido ao sujeito ser criativo nem atuar diferentemente da maneira que se espera dele. Há expectativas do grupo em relação ao desempenho dos diversos papéis sociais. E com o papel profissional não é diferente. Essa é uma das razões pelas quais é tão difícil mudar a atitude em relação à carreira.

Por outro lado, quando a pessoa tem consciência da máscara profissional, o ator ainda está preservado. O problema ocorre quando o ator sucumbe ao personagem e não sabe mais quem é quem.

Também é fato que há pessoas mais resilientes do que outras, que vivenciam intensamente o personagem profissional, mas conseguem assumir outros papéis ao longo do dia. A percepção do desconforto e da inadequação profissional dependerá do quanto conseguem flexibilizar seus objetivos e interesses e de como conseguem adiar possíveis recompensas.

É saudável ter consciência de que, além do papel profissional, existem outros, como os de pai, mãe, irmão, filho, amigo, por exemplo. Estar atento para não sucumbir ao "papel profissional em tempo integral" é importante para a manutenção do equilíbrio diante dos projetos de vida, e não apenas diante da carreira.

Certa vez, atendi uma jovem que queria mudar sua trajetória. Ela relatou, em sua autobiografia, que nas várias vezes em que tentou conversar com o pai sobre o assunto, ele a tratava como a um "funcionário da empresa". Comentou que não conseguia "enxergar" o pai quando a conversa era sobre escolha profissional; via apenas o executivo. Ela dizia não conseguir falar com ele sobre suas angústias e dúvidas, pois ele frequentemente dava conselhos sobre o que ela deveria fazer, em vez de escutá-la.

Vale a pena, de tempos em tempos, analisar quanto do seu tempo você está dedicando ao trabalho e quanto está dedicando a outras relações fora do ambiente profissional para não se transformar num "profissional em tempo integral".

A importância do autoconhecimento

Autoconhecimento é outra palavra frequentemente utilizada em artigos e matérias sobre gestão de carreira. Parece uma palavra autoelucidativa e você pode até pensar, afinal de contas, quem não se conhece?

Mas é exatamente essa a questão. A falsa ilusão de que a gente se conhece é que faz com que cometamos equívocos ao longo da vida. Veremos que até os equívocos servirão como base para o processo do autoconhecimento, mas a ideia é que com o tempo as escolhas sejam mais alinhadas com quem você é.

O autoconhecimento é um dos aspectos mais importantes no processo de orientação de carreira. Por parecer tão óbvio, nem sempre é devidamente abordado em livros que tratam do tema. Devo dizer que, por não ser nada óbvio e tremendamente subjetivo, o tema é de difícil abordagem.

A prática de se conhecer melhor faz com que a pessoa tenha mais controle sobre suas emoções. O controle emocional pode evitar sentimentos de baixa autoestima, minimizar as inquietudes, melhorar a maneira de se lidar com as frustrações e ansiedades. Ajuda na realização de escolhas mais adequadas e significativas, no aumento da sensação de equilíbrio e bem-estar e colabora para que as decisões sejam mais produtivas e conscientes nas várias instâncias da vida.

O autoconhecimento também é compreendido como autocrítica. É entendido por alguns pensadores como algo moralmente valioso, mas difícil ser alcançado, em razão da condição indescritível da natureza das pessoas. Platão, Freud e Moran fazem parte de outro grupo, que entende o autoconhecimento como conquista ou realização, que pode levar ao equilíbrio e à saúde. A base dessa linha de pensamento tem raízes no famoso oráculo de Delfos, que tanto influenciou Sócrates, inclusive na famosa frase atribuída a ele: "*Conhece-te a ti mesmo*".

Na verdade, a autoria dessa frase, que segundo o escritor Pausânias estava inscrita no pátio do oráculo de Delfos, é atribuída aos "sete sábios" gregos, um grupo de legisladores, estadistas e pensadores de toda a Grécia que viveram no período de 620 a 550 a. C. Eram eles: Sólon de Atenas, Tales de Mileto, Pítaco de Metilene, Cleóbulo de Lindos, Quílon de Esparta, Míson de Chenae e Bias de Priena. Cada um deles, em oferenda a Apolo, inscreveu máximas, fruto de suas sabedorias, entre elas *"Conheça a si mesmo"* e *"Nada em excesso."*

Dizem os pesquisadores que Sócrates caminhava pelas ruas e praças de Atenas perguntando para as pessoas: *"Você sabe o que você diz?", "Você realmente tem certeza daquilo em que acredita?", "Você realmente conhece aquilo em que acredita, aquilo que pensa, ou aquilo que diz?"*. Fazendo tais perguntas, Sócrates as deixava, muitas vezes, embaraçadas, curiosas, irritadas, pois quando tentavam responder ao filósofo suas indagações, na maioria das vezes não sabiam o que responder. Não tinham sequer parado para refletir sobre suas crenças, seus valores e ideais.

É claro que, depois de provocadas, elas queriam uma resposta. Nesse momento Sócrates respondia: *"Eu também não sei, e é por isso que estou perguntando."* De onde surgiu a célebre frase atribuída a ele: *"Tudo o que sei é que nada sei"*. Sócrates dava prova de humildade e sabedoria, afirmando a consciência da própria ignorância.

Por questionar ideias, valores e comportamentos que os atenienses julgavam corretos e verdadeiros, por estimular o povo e principalmente os jovens a pensarem e a refletirem se todos aqueles valores da época eram verdadeiros, Sócrates foi considerado um perigo pelos poderosos de Atenas. Foi acusado de desrespeitar os deuses, corromper a juventude, violar as leis e, por isso, condenado à morte. Deixou-nos um grande legado.

Para ele, autoconhecimento é um projeto ético. A palavra ética tem sua origem na palavra grega *ethos*, que significa o modo de ser, o caráter, a disposição da alma. Caráter é a disposição interna da vontade que inclina a agir habitualmente de determinada maneira. Hábito, para o bem ou para o mal, virtuoso ou vicioso.

Assim, um projeto ético é a busca pela realização de algo que leve a pessoa a ser mestre de si mesma e, consequentemente, um ser humano melhor. Ou seja, o que Sócrates pregava era que devemos nos ocupar menos das coisas (riqueza, fama, poder) e passarmos a nos ocupar de nós mesmos, assim teríamos acesso a verdade.

Para se conhecer, a pessoa precisa refletir sobre si mesma e interpretar-se, o que não é fácil de fazer sozinho. As psicoterapias podem representar uma alternativa de ajuda.

Digo sempre que o homem é o único animal capaz de enganar a si próprio e por essa razão é tão difícil o processo de autoconhecimento. Um livro de que gosto muito e que recomendo é o *Autoengano*, de Eduardo Gianetti, cuja leitura servirá para aprofundar essa questão. Gianetti firma que a condição humana não comporta demasiado autoconhecimento e questiona como seria a vida subjetiva de alguém que baniu o autoengano intrapsíquico, alguém incapaz de enganar a si mesmo ou sobre si mesmo?

Partindo desse pressuposto, entendo que as pessoas continuam aprendendo sobre si ao longo de toda a vida e, mesmo assim, em partes. Autoconhecimento é processo para sempre. Ninguém pode dizer que "tem autoconhecimento", porém, quanto melhor você se conhece, mais adequadas serão suas escolhas e mais confortável você tende a ficar consigo mesmo e nas relações que estabelece com o mundo.

Curiosamente, o autoconhecimento não se dá apenas no processo reflexivo, de pensar sobre sentimentos, desejos, medos, ações, reação diante de fatos e situações. Trata-se de movimento multiprocessual e dialético: você pode aprender sobre si através de leituras, discussões com amigos e colegas e das relações sociais.

Instrumentos de avaliação como apoio ao autoconhecimento

Há ferramentas destinadas ao apoio no processo do autoconhecimento, como os *assessments*. E há milhares delas, embasadas em diferentes conceitos e teorias. Nem sempre é preciso que um profissional da área de psicologia aplique o questionário ou faça a devolutiva.

São muitas as aplicações dessas ferramentas. Servem para avaliação e análise do perfil comportamental, e ajudam a identificar e reconhecer, por exemplo, valores e crenças pessoais, o estilo de ser e de agir, preferências pessoais e profissionais em relação à liderança, administração de conflitos, estilos de negociação, tendências comportamentais diante de situações de estresse, enfim, servem a um número quase sem fim de informações. São frequentemente utilizados por empresas, consultorias e por orientadores de carreira para a realização de processos de orientação profissional, seleção e contratação, promoção, mapeamento de competências e desenvolvimento de planejamento de carreira.

Confesso que não sou a mais profunda admiradora desses instrumentos e testes. Não por eles, mas principalmente pela maneira indiscriminada com que são utilizados. Existe uma indústria, nem sempre qualificada, para fornecer as devolutivas com forte tendência ao reducionismo. Buscam-se, por meio desses instrumentos, respostas rápidas para questões nem sempre simples. Os resultados obtidos raramente representam a verdadeira essência sobre a pessoa, mas são vendidos como o caminho mais rápido e fácil para autoconhecimento e autorrevelação para as empresas que contratam esses "mapeamentos".

Muitas vezes, os instrumentos são comprados e o produto deles se perde, gerando insegurança e frustração naqueles que se submeteram. Isso porque não há programas e ações para ajudar a pessoa a desenvolver seus aspectos mais frágeis, ou mesmo tirar o melhor proveito do que ela tem de melhor dentro da organização onde atua.

Em muitos casos, por falta de conhecimento sobre o instrumento e suas fundamentações teóricas, gestores tomam decisões arbitrárias, que podem prejudicar os colaboradores, e ainda endossam as atitudes com base nos resultados, nem sempre claros, dos instrumentos utilizados.

Muitos aplicadores não percebem a abrangência e o impacto que tais instrumentos podem causar nas pessoas que se submetem a eles. Ouço histórias, pouco felizes, de quem passou por longas baterias e não recebeu devolutiva alguma ou que não entendeu porquê não foi aceito para uma vaga de emprego. É comum que as empresas se concentrem mais no instrumento do que em investir tempo escutando a pessoa – o foco está no teste e não na relação. Por outro lado, quando bem aplicados e fazendo parte de um plano de ação consistente e de longo prazo, podem se constituir em bons auxiliares.

Um dos instrumentos que utilizo em meus trabalhos é o inventário sobre âncora de carreira, de Edgar Schein. Utilizo há mais de 10 anos e ele tem se mostrado bastante consistente. Há versões dele disponíveis gratuitamente na internet e, por isso, também é muito prático. Através dele é possível refletir sobre como seus valores se relacionam com suas escolhas profissionais. Segundo o autor, sua âncora de carreira é uma combinação de áreas percebidas de competência, motivos e valores dos quais você não abre mão; representam seu próprio eu.

Segundo Schein, tipicamente, as pessoas conseguem preencher grande variedade de necessidades em qualquer carreira, mas essas necessidades não são todas igualmente importantes. Sabemos que uma pessoa dificilmente consegue preencher todas, por isso é importante descobrir quais têm maior prioridade. A âncora de carreira de uma pessoa nem sempre combina com sua ocupação atual, devido às restrições externas fora de seu controle. Conseguir identificá-la será de grande importância para realizar escolhas profissionais mais adequadas.

Com base nos estudos de Schein e em entrevistas subsequentes de históricos de carreiras de várias centenas de pessoas, em vários estágios profissionais, foram identificadas oito categorias de âncoras de carreira.

- Competência Técnica/Funcional
- Competência Gerência Geral
- Autonomia/Independência
- Segurança/Estabilidade
- Criatividade Empreendedora
- Serviço/Dedicação a uma Causa
- Puro Desafio
- Estilo de Vida

Por isso, sugiro que, ao se submeter a processos como esse, tente tirar o melhor proveito da oportunidade. Responda com sinceridade às proposições, reflita bem sobre os resultados sugeridos, valide-os com pessoas de seu convívio e relacionamento.

Eu os considero, sempre, como pontos de partida para reflexão, e nunca como o ponto final do processo de autoconhecimento.

Autoconhecimento: um processo para sempre

Vou repetir para reforçar: não se tem autoconhecimento. Não é adequado dizer, "eu tenho autoconhecimento", pois trata-se de um processo perene, que ocorre ao longo da existência inteira. Também é dialético – não se tem autoconhecimento sozinho, mas adquire-se com a autorreflexão somada aos *feedbacks* que as pessoas do nosso relacionamento nos dão. Internamente, analisamos essas informações e as comparamos com base em nossas crenças, nossos valores, nossa autopercepção, autoimagem, nossos desejos, medos, projetos pessoais, interesses, que formam a nossa subjetividade. Externamente, com base no universo e contexto onde estamos inseridos. Eu disse, no início desse tópico, que não é algo simples e fácil de entender, mas é fundamental.

Aceite a seguinte proposta como exercício. Responda sinceramente, ao fazer perguntas desse tipo:

- Isso é importante para mim?
- Para que isso é importante?
- Por que esse fato, pessoa, situação, me incomoda tanto?
- O que de fato me fez ficar assim (*emocionado, alegre, com raiva, entediado, angustiado, triste, comovido, irritado*)?
- O que eu quero de verdade?
- Para que eu quero isso?
- Por que tal coisa é importante para mim?
- O que eu desejo efetivamente com isso?

Tente responder com toda franqueza. É um exercício para você e só a você interessa saber o que está por trás das suas ações e reações. Nesse sentido, essas reflexões podem colocá-lo no caminho de tomar consciência de alguns aspectos de sua personalidade e do seu jeito de pensar e agir no mundo. Você pode se surpreender consigo mesmo!

São apenas exemplos de questionamentos que podem ser feitos no intuito de descobrir o que move você para além dos desejos, das sensações e das emoções que nos cercam diariamente. A questão é que, sozinho, raramente se vai muito longe ou muito fundo, principalmente nos pontos mais críticos. Com muitas perguntas, é frequente não obter respostas objetivas ou mesmo ficar sem resposta. Em vez de parecer que se está indo adiante, pode-se ficar com a impressão de que não está adiantando nada e aumentar ainda mais a angústia.

Por isso é que a ajuda de um profissional, seja psicólogo ou orientador de carreira, poderá fazer a diferença nesse momento. Não que ele saiba a resposta para as suas perguntas, mas ele estará ao seu lado, fazendo outras perguntas que podem levar você a outras percepções e levantar outros questionamentos mais produtivos.

A ajuda de um profissional é sempre mais aconselhável nesses casos, pois as pessoas mais próximas tendem a dar respostas ou apresentar soluções que foram boas para elas, mas nem sempre o que é bom ou funciona para uma pessoa pode ser bom e adequado para outra. Há um ditado que diz: "se você não decidir, alguém vai decidir por você." E é muito arriscado deixar que outros tomem decisões por você, principalmente sobre sua vida e carreira.

O autoconhecimento ajuda a pessoa a tomar as rédeas da própria vida, tornando-a responsável e consciente das escolhas que realiza.

Dificuldades para identificar o que fazer profissionalmente

Se o autoconhecimento é fundamental para o processo de orientação de carreira e escolha profissional, podemos entender que se você se dedicar a ele os problemas acabaram? Não!

O processo de autoconhecimento é dinâmico. Assim também são as profissões e o mercado de trabalho. Já vimos que há numerosas ocupações catalogadas, o que amplia nosso leque de escolhas de modo substancial. Muitas vezes, uma função não se esgota na sua nomenclatura e, em muitas situações, nem a define claramente.

Conhecer a si próprio pode dar pistas para prospectar algumas atividades em alguns cenários que façam mais sentido para você. Entretanto, não há tempo suficiente, nem numa vida inteira, para conhecer tantas possibilidades de atuação. Assim, sinto informar, mas teremos que lidar com a frustração e com a sensação de que estamos escolhendo algo, mesmo sem conhecer tudo que existe e conviver com isso.

Grosseiramente falando, é como um casamento. É impossível conhecer todos os possíveis pretendentes antes de escolher um. E assim como num matrimônio, é possível que, no caminho, perceba-se que não foi feita a escolha adequada ou depare-se com alguém com quem se encante mais, fazendo com que as escolhas precisem ser revistas. Funciona de maneira semelhante com a opção profissional. Não é uma ciência exata, mas é possível, dentro de determinados parâmetros, optar por algo que faça sentido, mas veremos que, no mínimo, experimentar será fundamental.

Minha experiência tem demonstrado que as pessoas não escolhem o que não conhecem e que há forte tendência de a pessoa decidir entre as opções mais próximas à sua realidade e vivência. Segundo o autor australiano Roman Krznaric, no livro *Como Encontrar o Trabalho da sua Vida*, "um dos maiores obstáculos à mudança é que ficamos aprisionados à rigidez do nosso círculo social e aos colegas de trabalho." Penso que essa regra aplica-se também à primeira escolha profissional.

Pode ser também que, por circunstâncias, influências, preconceitos, falta de informações, impossibilidades de tempo, fragilidades financeiras, falta de incentivo, ou qualquer outro fator, não tenha sido possível ir adiante com determinada experiência, que mais tarde pode fazer a diferença para a escolha profissional mais adequada.

Em grande parte dos trabalhos que tenho realizado, a resposta para a pergunta *"o que faz sentido profissionalmente?"* está, de alguma maneira, relacionada às experiências da pessoa ao longo de sua trajetória de vida. Infelizmente, apesar de parecer óbvio, não é tão fácil identificar. A vida, em perspectiva, acaba se tornando um grande quebra-cabeça embaralhado. Alguns episódios importantes e de grande influência acabam perdendo-se em meio à rotina, aos deveres e afazeres.

Autobiografia

Posso comparar algumas autobiografias com o relato de um sonho, que muitas vezes deforma o conteúdo para não falhar em seu propósito, que é o de preservar o sono, mas, de alguma maneira, deixa o rastro de ideias e conflitos importantes. Por isso, veremos a importância da autobiografia como instrumento para auxiliar a orientação de carreira.

Costumo dizer que cada cliente é novo desafio. É quase impossível aplicar uma experiência anterior que funcione perfeitamente para outra pessoa. Por isso, a cada novo projeto, começo do zero e é um grande desafio. Isso me agrada!

É preciso respeitar as crenças, os valores e a história de vida de cada um. Cada pessoa chega num estágio de vida de maneira diversa, com expectativas, necessidades, objetivos, sonhos, angústias, ansiedades e medos diferentes. Cada ser humano é único.

Em várias ocasiões fui consultora de família. Começava atendendo o marido, por exemplo, depois atendia a esposa, irmãos, cunhados, primos e, mesmo conhecendo a identidade familiar, sabia que a percepção de cada um em relação aos mesmos fatos era completamente diferente.

Mais de uma vez atendi irmãos em momentos diferentes. No relato de suas autobiografias, era difícil perceber semelhanças na história de vida, tão diferentes eram suas percepções das relações e suas visões de mundo. Era como se fizessem parte de um mesmo filme, mas cada com um roteiro diferente. São as idiossincrasias humanas. Isso só demonstra que não importa muito o fato em si, mas a percepção de que se tem dele, o registro individual do que o fato ou a situação representou para cada pessoa envolvida.

A partir da minha pesquisa de mestrado, realizando entrevistas de profundidade, compreendi que a autobiografia é recurso riquíssimo para resgate da história de vida da pessoa que busca orientação de carreira e planeja mudar os rumos da trajetória profissional. Através dela é possível alcançar, na grande maioria das vezes, o universo dos significados, motivos, das aspirações, crenças, dos valores e das atitudes diante de aspectos significativos da sua vida e que impactam suas escolhas.

Nesse sentido, segundo L. C. Teixeira, a reconstituição da história de vida é vista como transformadora e reconstituinte do sujeito. Na medida em que a pessoa toma consciência das nuanças de seu percurso, pode "ressignificar suas experiências e se apropriar da sua história. É a tentativa de recuperar ou talvez até se instaurar nele a dignidade de ocupar um lugar de sujeito, de agente perante o mundo e sua própria vida.".

Os estudos sobre relato de vida apontam para a possibilidade de o sujeito construir uma autoimagem e identidade através da reconstituição de sua história, que funciona como tentativa de dar conta da existência. Essa reconstituição tem por objetivo, no processo de orientação de carreira que desenvolvo, a reconstrução própria da história pessoal e a reconquista de si, uma vez que a fala "estou perdido" remete a desconexão da pessoa consigo mesma. Representa o reencontro do lugar que a pessoa ocupa frente à sua vida, de modo crítico e reflexivo.

Essa representação única e singular, de como a pessoa percebe a vida dela até aquele momento, é preciosa para permitir compreender o contexto de vida e os padrões de comportamento. E também para ajudar no processo de apropriação da sua história. Pode parecer incrível, mas um exercício como este, levado a sério, permite a tomada de consciência de aspectos que foram negligenciados e que ajudam a compreender como a pessoa chegou onde está atualmente.

Não utilizo um modelo pré-estabelecido a ser seguido, mesmo porque até a maneira como a autobiografia é estruturada pode dar indícios sobre a maneira como a pessoa organiza as ideias e a percepção que tem dos fatos relevantes da vida. Apenas solicito que escreva, o mais detalhadamente possível, sua história, desde o nascimento até hoje. Oriento que faça sua descrição levando em conta o seguinte:

- Relacionamento com pais e familiares com quem tenha convivido
- Escolaridade
- Saúde
- Religiosidade
- Amizades
- Relacionamentos afetivos
- A escolha profissional
- Vida profissional

Esta experiência costuma ser reveladora. A partir dela são conduzidas reflexões pelo orientador, que busca esclarecer aspectos pouco claros ou pouco explorados durante o processo de escrita. Muitas vezes a leitura conjunta pode desencadear fortes reações emocionais, que surpreendem até o cliente. É possível identificar aspectos que mereçam mais atenção.

Aconselho que essa metodologia seja conduzida por profissionais qualificados e competentes para administrar situações que surjam dessa abordagem. Aos que desejam praticar os exercícios sozinhos, que reflitam sobre os padrões que tendem a aparecer ao logo da trajetória de vida. Leve em consideração os pontos já apresentados nesse livro. Nem sempre é fácil conduzir sozinho, pois há aspectos que ficam submersos nas lembranças e é necessária muita vontade de escarafunchar aqueles pontos críticos, que muitas vezes podem levar às lembranças indesejáveis. Geralmente, essas lembranças são esclarecedoras da situação atual, mas costumam ser evitadas ou negligenciadas.

Liste os aspectos que considere relevantes em suas escolhas (e não apenas as profissionais) e quais fatores, pessoas ou circunstâncias as influenciaram. Analise da maneira mais objetiva e sincera possível. Muitas vezes a brecha para compreender os padrões de escolha é mais perceptível em escolhas não profissionais. Com isso quero dizer que, quando o conflito está nas relações de trabalho, as barreiras para compreender o que está acontecendo nessa área da vida podem ser mascaradas por racionalizações e defesas emocionais muitas vezes manifestadas em padrões de atitudes que a pessoa toma em situações não profissionais.

Uma cliente percebeu, durante a leitura da sua autobiografia, que um dos elementos desmotivadores na relação profissional era a atitude do seu gestor diante das tarefas que entregava, com um olhar de relativa indiferença. Isso fazia com ela não se sentisse reconhecida e nem valorizada.

Ao longo de nossos encontros, identificamos que essas atitudes já a incomodavam em outras relações. Amigos que também agiam com indiferença a pertubavam muito, mas, para não perder a amizade, acabava tolerando este tipo de atitude. Entretanto, administrava o contato com eles. Na relação de trabalho, não conseguia evitar o relacionamento diário com o gestor e a insatisfação aumentou, transformando-se num conflito insuportável ao ponto de questionar a própria escolha profissional. A falta de reconhecimento por parte do gestor e sua atitude de indiferença minavam a autoconfiança da cliente ao ponto de ela se sentir inadequada para exercer suas tarefas. Semelhantes sentimentos e conflitos foram identificados em relações extraprofissionais, o que ajudou a elucidar suas reações e atitudes diante da relação profissional.

Essa autopercepção faz com que a pessoa identifique seu padrão de comportamento e possa mudar a atitude.

A utilização de mapas conceituais[2] pode ser de grande va-

---

[2] O chamado mapa conceitual foi originalmente baseado na Teoria da Aprendizagem Significativa de David Ausubel. A aprendizagem pode ser dita significativa quando uma nova informação adquire significado para o aprendiz através de uma espécie de "ancoragem" em aspectos relevantes da estrutura cognitiva preexistente do indivíduo. Na aprendizagem significativa há uma interação entre o novo conhecimento e o já existente, na qual ambos se modificam. À medida que

lia para a compreensão dessas correlações. Não percebemos, mas muitas vezes blindamos nossas escolhas com justificativas pouco convincentes. Quando vamos mais fundo no processo reflexivo conseguimos compreender que o julgamento para determinada escolha foi equivocado.

É trabalhoso, mas quem tem em mente um processo sério não deve se furtar de tal experiência. O trabalho conjunto com um profissional é valioso, pois há o comprometimento com o outro e não apenas consigo mesmo. Os relatos que recebo sobre essa experiência são sempre positivos e, na maioria das vezes, reveladores.

Eu e os outros – um exercício de autopercepção

Outros exercícios úteis no processo de autoconhecimento, e que utilizo em meus atendimentos, são os de autopercepção e o *feedback* de pessoas do relacionamento do cliente. O resultado dessa atividade costuma trazer elementos muito interessantes e que ajudam a perceber aspectos da personalidade nem sempre óbvios e que, em alguns casos, chegam a ser surpreendentes.

Digo que os amigos gostam de nós apesar dos nossos defeitos. Todos temos pontos positivos e negativos e o exercício que peço para o processo de orientação de carreira é exatamente o levantamento desses pontos. Primeiro, a própria pessoa fazendo a sua lista o mais sinceramente possível; quanto mais detalhada e explicada, melhor. Depois peço que pelo menos seis pessoas do relacionamento também façam listas dos pontos positivos e negativos da pessoa. Quanto mais gente participar, melhor. Minha sugestão é que o levantamento seja realizado com pessoas das esferas familiar, profissional e social.

---

o conhecimento prévio serve de base para a atribuição de significados à nova informação, ele também modifica-se. A estrutura cognitiva está constantemente reestruturando-se durante a aprendizagem significativa. O processo é dinâmico; o conhecimento vai sendo construído.

A finalidade do exercício, principalmente quando cruzamos percepções, é trazer à tona aspectos da personalidade nem sempre percebidos sozinho. Vale repetir que o processo de autoconhecimento é dialético e que a percepção do outro nos ajuda na construção da identidade. Na maioria das vezes, é um grande presente essa possibilidade de ouvir gente que nos conhece, apresentando de maneira sistematizada a percepção que tem sobre nós.

Não é comum que as pessoas peçam, formalmente, uma lista de pontos positivos e negativos, mas fui surpreendida – e muitos clientes também – com relatos muito detalhados e significativos sobre qualidades e defeitos. Nem sempre nos damos conta do quanto as pessoas ao nosso redor podem ser observadoras e atentas ao nosso jeito de ser. Li relatos emocionantes e que ajudaram muito na percepção de aspectos que não estavam presentes na autobiografia.

Nem sempre esses relatos apresentam boa qualidade, por falta de competência do depoente na redação de suas impressões ou porque não se sente confortável em expressar tudo o que realmente pensa a respeito da pessoa.

Essa técnica é complementar ao processo, mas o resultado é oscilante, justamente pelas razões apresentadas. A falta de hábito e de habilidade em dar *feedback* e o receio de magoar a pessoa são fatores que interferem bastante nessa análise. Muita gente se sente desconfortável em listar aspectos negativos dos amigos.

Por outro lado, apesar de nem sempre a qualidade do material recebido ser consistente ou reveladora, há a possibilidade de identificar aspectos de melhoria, e só por isso já é de grande valia.

Há uma grande variedade de exercícios de autopercepção e que podem facilmente ser encontrados na internet. Vale a pena respondê-los com sinceridade e, preferencialmente, tomando nota. Depois, é bom ler em voz alta e com bastante atenção para que você possa se escutar e, claro, refletir sobre eles.

Levantamento de informações profissionais

Neste momento do processo de orientação de carreira, após ter realizado a leitura da autobiografia, cruzados os dados sobre os motivos da insatisfação profissional, valores, crenças, autopercepção e feito alguns *assessments*, já é possível levantar hipóteses. De fato, não sou eu quem as levanta – elas são identificadas, geralmente, pelo próprio cliente ou conjuntamente, pois todos os dados consolidados indicam sugestões coerentes com os interesses da pessoa.

Não é, repito, um processo fácil ou mágico. Há casos em que até mesmo nesse momento as possibilidades não estejam bem definidas. Para esses casos, levanto algumas hipóteses:

- Dificuldade para valorizar interesses, habilidades e conhecimentos e conciliá-los com alguma atividade que seja rentável
- Dificuldade de reconhecer sua experiência e de associá-la com outras atividades profissionais ou profissões, além da que exerceu ou exercia
- Desconhecimento do mercado de trabalho, profissões e suas exigências
- Não arriscar hipóteses por receio de fazer uma opção errada
- Não ver valor em atividades que desempenha com facilidade

Esse último ponto é importante. Em minha atividade, oriento as pessoas a tirarem proveito daquilo que sabem fazer melhor, com naturalidade, aplicando ao máximo as suas melhores habilidades e competências. Entretanto, muitas vezes, quando o cliente não atribuía valor a atividades que realizava com facilidade, o valor percebido estava no conhecimento alcançado com esforço e dedicação.

Sem sofrimento, não há aproveitamento

O que se faz com relativa facilidade, geralmente não é percebido como valor. A máxima *"no pain, no gain"* parece fazer muito sentido nesses casos. Eu digo o contrário: tire proveito daquilo que você faz com facilidade, ou pelo menos aproveite o máximo desse seu potencial em uma atividade que lhe seja rentável. Essa é minha definição de sucesso: fazer o que gosta, com facilidade, e ainda ganhar dinheiro com isso!

Entendo que é muito mais fácil desenvolver alguma atividade quando o que se faz está próximo da sua zona de conforto, daquilo que, naturalmente, já se faz com destreza. Muitos foram os casos de pessoas que atendi e que não eram capazes de descrever suas funções e rotinas de trabalho, justamente por esse motivo: tinham dificuldade de reconhecer, no dia a dia, as atividades desempenhadas com maior facilidade.

Durante as sessões, quando construíamos o dossiê ou currículo por meio de perguntas, as pessoas se surpreendem com a quantidade de atividades que desempenham com facilidade e às quais não atribuem valor. Não raro surgem comentários como: "nossa! mas eu sei fazer tudo isso?" ou "nem sabia que isso que eu faço poderia representar valor para meu perfil" ou "mas isso é tão básico e tão fácil, será que tem valor?".

A falta de conhecimento sobre o mercado de trabalho, ou mesmo sobre as exigências para determinadas funções e atividades, realmente é limitadora dessa percepção. Entretanto, essa etapa consiste em auxiliar a pessoa na identificação de hipóteses mesmo que pareçam, inicialmente, diferentes e desconhecidas. O propósito é, portanto, colocar a pessoa em conexão com algumas áreas de seu interesse, para que pesquise sobre elas.

Geralmente, quando o processo chega a este ponto há três possibilidades:

1. Mudança de área – nova opção de carreira
2. Mudança de emprego
3. Montar negócio próprio

1. Mudança de área – nova opção de carreira

Neste caso, identificou-se, ao longo da primeira parte do trabalho de orientação, que a opção profissional foi equivocada ou que ela foi correta até determinado momento, tendo deixado de fazer sentido depois de algum tempo. Um recomeço representará grande impacto na vida, dependendo da faixa etária na qual a pessoa se encontra.

Quando a faixa etária está entre 21 e 26 anos, este recomeço tende a ser menos complicado. Sempre é preciso avaliar o cenário como um todo e isso quer dizer disposição para encarar uma nova faculdade, disponibilidade financeira, de tempo, mas, principalmente, vontade. É preciso disposição para fazer uma segunda faculdade. Sempre que possível, analiso a alternativa de aproveitar a primeira graduação ou a formação anterior para a tal mudança de carreira e, em muitos casos, é bem possível que a graduação em outra faculdade não seja tão necessária. Mas isso varia muito em função da transformação que se deseja.

Existem atividades que prescindem da formação básica para serem exercidas. Claro que não dá para imaginar um dentista, médico ou engenheiro, por exemplo, atuando sem graduação. Entretanto, é comum encontrar um dentista, médico ou engenheiro atuando em áreas como finanças, logística, administração, comunicação ou marketing. Não estou desvalorizando nem áreas, nem profissionais, mas reafirmando que as pessoas podem ter feito uma opção inicial de carreira e, ao longo da trajetória, encontraram outra que realmente fizesse mais sentido e para a qual a formação básica deixou de ser o referencial mais importante.

Uma cliente com formação básica em rádio e TV só teve oportunidades em atendimento ao cliente. Gostou da área e nunca exerceu efetivamente as atividades de sua formação. Fez cursos na área de ouvidoria e muitos outros programas relacionado ao Serviços de Atendimento ao Cliente (SAC), era excelente profissional e queria permanecer na área. A formação básica, neste caso, não tinha nada a ver com a trajetória dela e, nem por isso, foi um problema. Apenas eventualmente, quando enfrentava entrevistas de trabalho, precisava justificar a opção da graduação.

É possível avaliar a possibilidade de fazer uma pós-graduação, ou mesmo cursos de especialização e outros de menor duração financeiramente mais viáveis, no lugar de investir num programa de quatro anos de uma segunda graduação.

Em outro exemplo, uma cliente graduada em veterinária queria atuar na área de marketing. Não precisou fazer outra faculdade. Fez pós-graduação em marketing e inicialmente focamos sua prospecção de mercado em empresas que pudessem aproveitar suas duas formações, como, por exemplo, indústrias farmacêuticas com linhas de produtos para a área veterinária, indústrias de produtos alimentícios para animais ou ainda empresas de serviços voltados para veterinária. Foi um bom começo para a mudança de carreira dela.

Uma advogada queria atuar com ourivesaria e desenho de joias. Não existe faculdade para essa atividade, por isso precisou fazer cursos específicos para realizar a mudança de carreira.

Muitas vezes, a transição tardia de carreira reside na dificuldade de ingresso no mercado de trabalho formal. Por conta do modelo atual, os processos seletivos tendem a preferir, para posições mais juniores, o perfil jovem, dificultando as pessoas mais velhas de ocuparem essas vagas.

As oportunidades em empresas multinacionais e de grande porte também acabam ficando bastante restritas. As vagas de estágio só podem ser ocupadas enquanto estiver na graduação e as vagas de *trainees*, também atreladas com a faixa etária, geralmente só aceitam jovens entre um ano e meio e dois anos de formados.

Há também o preconceito com pessoas mais velhas ingressando em nova atividade, sem experiência anterior. Voltamos à miopia dos selecionadores e à falta de percepção do mercado em geral, com ênfase aos profissionais de recursos humanos que têm dificuldade para perceber o valor que há no perfil de pessoas que decidem mudar de carreira. Soma-se a isto o fato de que pesquisas comprovam o envelhecimento da força de trabalho no Brasil.

Segundo pesquisa da PWC, em 2040 cerca de 57% da população brasileira em idade ativa será composta por pessoas com mais de 45 anos. Isso implica, para as empresas, rever políticas de recursos humanos, conceitos e critérios nas áreas de recrutamento, seleção, desenvolvimento, retenção, flexibilização de horários de trabalho, remuneração e benefícios.

Estamos vivendo mais, entretanto culturalmente e em função das características do mercado atual, jovens de 28 anos já se consideram velhos, pois reina a crença de que velho, para as organizações, são profissionais em torno dos 40 anos.

Outro fator que impede o avanço de ações relacionadas ao melhor aproveitamento dos seniores é o preconceito contra o idoso. Mas quem é esse idoso hoje? Certamente não são os profissionais ativos na faixa dos 50 e 60 anos.

Segundo a pesquisa, as empresas até reconhecem que esse grupo é melhor em realização de diagnósticos (87%), resolução de problemas (86%) e equilíbrio emocional (96%), além da fidelidade (89%), o que impacta fortemente os índices de rotatividade – um problema sério que afeta os mais jovens.

As companhias precisam rever o modo como lidam com seus profissionais mais experientes, inclusive depois da aposentadoria, dando a eles a oportunidade de continuar contribuindo com a organização, mesmo que em horários flexíveis. Eles podem ser extremamente úteis, por exemplo, para transmitir o conhecimento acumulado ao longo da vida profissional, atuando como mentores dos jovens funcionários. Há muitos postos de trabalho que podem ser tranquilamente ocupados por profissionais seniores, os quais se sentiriam muito gratificados por poderem continuar contribuindo socialmente. Felizmente já há movimentos em empresas levando em consideração essa faixa da população.

Isso implica dizer que seria boa medida as empresas revisarem suas políticas de contratação e os acordos trabalhistas, pois certamente estão perdendo bons profissionais dispostos a aprenderem e a se envolverem em novas atividades.

Considero, particularmente, que as pessoas que optam por mudar de carreira e buscar uma profissão ou atividade mais significativa tendem a se envolverem mais, pois estão conscientes de suas escolhas e, por isso mesmo, motivadas, dedicadas a aprenderem e a assumirem responsabilidades, visto que encontraram algo que realmente faz sentido.

Portanto, se o seu caso for a mudança de carreira propriamente dita sugiro que faça o levantamento de informações sobre essa nova profissão. Lembro que pode surgir, nesta etapa, mais de uma opção e considero viável que esse levantamento seja realizado para até três áreas. Mais áreas significam mais opções e isso pode dificultar a escolha.

Este levantamento consiste em:

- Pesquisa teórica sobre a atividade, área, profissão
- Diálogo com profissionais do segmento para entender trajetórias e formação acadêmica
- Identificação do caminho percorrido por esses profissionais para que chegassem onde estão

- Visitas ao local de trabalho, sempre que possível
- Estudo sobre o perfil de profissionais que atuam na mesma atividade, com base em sites de relacionamento, como o LinkedIn ou outras fontes
- Pesquisa de vagas na internet para entender as demandas do mercado para determinada atividade
- Pesquisa de faculdades que tenham graduação, pós-graduação ou cursos livres na área desejada
- Análise do conteúdo e tempo de duração dos programas dessas instituições
- Confirmação do prestígio da instituição de ensino (*cursar uma escola de renome pode abrir portas no mercado de trabalho)*
- Avaliação do investimento financeiro requerido
- Comparação do tempo necessário para cada opção de formação
- Consideração da possibilidade de assistir algumas aulas, como ouvinte, antes de fazer a matrícula *(em algumas instituições isso é possível).*

Se conseguir, pode ser de grande valia desempenhar algumas atividades em regime de *freelancer* ou ajudar amigos. Dependendo da área escolhida isso também é possível.

Se mudar de carreira for o seu caso, veja como elaborar um plano de ação, à página 109.

2. Mudança de emprego

Quando a alternativa encontrada na primeira parte do processo de orientação de carreira for apenas a mudança de emprego, é preciso ter em mente quais aspectos dos empregos anteriores não estavam alinhados com seu objetivos, interesses, com suas habilidades e seus valores. É bom também estar consciente de quais características está buscando na próxima atividade profissional.

Uma frase que ouço com frequência, nos primeiros encontros com clientes, é: "fui parar na empresa tal...", ou "caí nessa área..."

Como assim? Foi abduzido e quando acordou estava naquela empresa? Ou estava andando desavisado, distraído, e caiu naquele departamento?

Nós escolhemos nossa carreira. É claro que nem sempre foi assim. A história da evolução do trabalho mostra que houve tempos em que qualquer atividade remunerada era bem-vinda, que não havia muitas opções de escolha e, portanto, era pegar ou largar. Nem sempre a última alternativa era boa, pois os empregos eram escassos.

Entretanto, ao menos nos últimos 20 anos, o Brasil tem estado bem colocado no *ranking* de trabalho, tanto que os sérios problemas nos mercados americanos e europeus resultaram em alta imigração de estrangeiros à procura de ocupação por aqui. Segundo dados divulgados pela Coordenação Geral de Imigração (CGIG) do Ministério do Trabalho e Emprego (MTE), em 2012 foram concedidas 73.022 autorizações de vistos para estrangeiros. Das concedidas no ano, 64.682 foram temporárias e 8.340, permanentes. Nas autorizações temporárias, o visto destinado ao profissional com vínculo empregatício no Brasil teve um crescimento de 26% com relação a 2011. Nos últimos três anos esta categoria teve crescimento de 137%, passando de 2.460 profissionais autorizados em 2009 para 5.832 em 2012. Esses profissionais são altamente qualificados e vêm ao Brasil exercer atividades nas áreas de gerência e supervisão de empresas que demandam conhecimento não disponível por aqui.

As principais áreas são engenharia, tecnologia, análise de sistemas, petróleo e gás, construção civil e obras de infraestrutura. Portugal, Espanha e China foram as nacionalidades mais beneficiadas por esses vistos. Houve aumento de 81%, com relação a 2011, no número de vistos emitidos para portugueses, de 53% para espanhóis e de 24% para chineses.

Atualmente, existe a possibilidade de escolha, o que é ótimo. Certamente nossos avós não tiveram a mesma sorte.

É importante tomar as rédeas da sua carreira. Para isso, entretanto, é necessário definir claramente os objetivos. Saber o que procurar em ternos de ajuda e empenhar energias em ações mais assertivas. Vamos a elas:

- Definir a meta com objetividade – por isso se chama objetivo. Tem muita gente que faz um discurso para definir o que quer fazer
- Fazer uma lista das empresas onde tem interesse em trabalhar e definir os motivos pelos quais as escolheu
- Fazer ampla pesquisa de vagas abertas semelhantes à posição que deseja ocupar, analisando o que o mercado espera dos profissionais
- Analisar, comparativamente à sua experiência, o que o mercado está exigindo; grifar as experiências, habilidades e competências compatíveis.
- Pesquisar e selecionar bons currículos de profissionais que atuam nessa área, para analisar a descrição de suas atividades, comparando-a com a experiência que tem
- Identificar em quais competências você se destaca
- Identificar pontos frágeis da sua trajetória *(Esse ponto é importante para traçar um plano de desenvolvimento profissional)*

- Elaborar um ou mais currículos*[3] que valorizem suas qualificações, de acordo com seus objetivos *(sugiro que sejam no máximo até três versões)*
- Listar o nome de pessoas da sua rede de relacionamento que poderão ajudá-lo nesse processo
- Atualizar ou incluir seu perfil profissional em sites de relacionamento como LinkedIn ou equivalentes
- Retomar e cultivar relacionamento com pessoas da sua rede. Seus relacionamentos são seu maior patrimônio profissional.

Se mudar de emprego for o seu caso, veja como elaborar um plano de ação à página 117.

3. Montar negócio próprio – empreender

Muitas vezes, a hipótese consiste na abertura de negócio próprio e não na mudança de carreira ou de emprego. Há vários fatores que impulsionam as pessoas ao empreendedorismo, entre eles a busca por mais autonomia e independência. Em momento algum, isso quer dizer trabalhar menos ou ter menos responsabilidade.

Um dos aspectos que reforçam o interesse pelo empreendedorismo é a idade. Atualmente, muitos jovens desejam empreender, mas para eles essa nem sempre foi uma opção bem vista. Empreender era percebido como falta de opção, principalmente para pessoas mais velhas, que não se adaptavam mais às empresas e não tinham perspectiva. Hoje, empreender é alternativa de carreira, e percebida, pelo menos para os jovens, como um bom caminho a seguir.

---

[3] (*) Apresentarei dicas sobre elaboração de currículo à pagina 118.

Fatores adicionais que motivam a busca pelo empreendedorismo: falta de perspectivas ou perspectiva lenta de desenvolvimento ou ascensão profissional dentro das empresas, desalinhamento entre os objetivos da organização e os da pessoa, desinteresse pelas alternativas da carreira atual, desinteresse pelos modelos de gestão organizacional, perspectiva de maiores ganhos financeiros, desejo antigo de ter negócio próprio e o perfil pessoal já identificado na primeira etapa do processo de orientação de carreira.

A palavra empreendedor (*entrepreneur*) surgiu na França, por volta dos séculos 17 e 18, para designar aquelas pessoas ousadas que estimulavam o progresso econômico, mediante novas e melhores formas de agir.[13] Já no século 20, o economista austríaco Joseph Schumpeter definiu esse indivíduo como agente de mudança na economia, aquele que reforma ou revoluciona o processo "criativo-destrutivo" do capitalismo, por meio do desenvolvimento de novas tecnologias ou do aprimoramento de uma antiga.

Posteriormente, Peter Drucker, considerado "o pai da administração moderna", descreve os empreendedores como aqueles que aproveitam as oportunidades para criar as mudanças. Os empreendedores não devem se limitar aos próprios talentos pessoais e intelectuais, mas mobilizar recursos externos, valorizando a interdisciplinaridade do conhecimento e da experiência, para alcançar seus objetivos.

No Brasil, o empreendedorismo começou a ganhar força na década de 1990 durante a abertura da economia. A entrada de produtos importados ajudou a controlar os preços, condição importante para o país voltar a crescer, mas trouxe problemas para alguns setores que não conseguiam competir com os importados. Para ajustar o passo com o resto do mundo, o país começou a mudar. Empresas de todos os tamanhos e setores tiveram que se modernizar para poder competir e voltar a crescer. O governo deu início a uma série de reformas, controlando a inflação e ajustando a economia; em poucos anos o Brasil ganhou estabilidade e esses fatores contribuíram também para que houvesse maiores condições de empreender.

Há literatura recente sobre empreendedorismo em quantidade, inclusive com dados brasileiros, o que é muito importante. Duas instituições que recomendo, para quem deseja empreender, são o Serviço Brasileiro de Apoio às Micro e Pequenas Empresas (Sebrae) e o Instituto Empreender Endeavor[14], organização internacional sem fins lucrativos que visa a impulsionar o empreendedorismo de alto crescimento em países em desenvolvimento. Os sites dessas duas instituições devem ser fonte obrigatória de consulta para aqueles que desejam empreender.

Em 2013, a Endevor, juntamente com o IBOPE, realizou a pesquisa *Empreendedores Brasileiros – Perfis e Percepções*, com o objetivo de identificar perfis empreendedores na sociedade brasileira. Os perfis foram determinados a partir de características sociodemográficas dos participantes, além da análise de atitudes, competências e chances de sucesso. Duas amostras foram constituídas: uma representativa da população brasileira, com 2.240 respostas recolhidas, e outra caracterizando o empreendedor nacional, com mil participantes.

Segundo a pesquisa, os brasileiros ainda demonstram ambiguidade em relação ao empreendedorismo. Enquanto cerca de 88% da população acreditam que "empreendedores são geradores de empregos" e 74% dizem que "o empreendedorismo é a base de criação de riqueza e beneficia a todos nós", existem críticas negativas – e simultâneas – aos empreendedores: 60% da população concordam com frases como "empreendedores exploram o trabalho de outras pessoas" e "empresários pensam apenas no seu próprio bolso".

A pesquisa também identificou notável aspiração do brasileiro pelo empreendedorismo: 76% prefeririam ter um negócio próprio a serem empregados ou funcionários de terceiros. É a segunda maior taxa do mundo, somente atrás da Turquia (Eurobarometer, 2012). Identificou-se mais: empreender é considerado um meio de alcançar mais prazer, autonomia e realização. Como vimos, quase 90% dos brasileiros acreditam que "empreendedores são geradores de empregos". E praticamente todos concordam que "ter negócio próprio é assumir responsabilidades" e "botar a mão na massa".

Entre os problemas identificados na pesquisa, os maiores estão relacionados às finanças e à gestão de pessoas. Ou seja, os brasileiros, empreendedores ou não, estão conscientes do grande déficit educacional que precisam suprir, mesmo aqueles com nível mais alto de escolaridade. Isso fica evidente quando são listadas as principais dificuldades do cotidiano empreendedor. Entre as quatro principais dificuldades enfrentadas pelos empreendedores brasileiros, três estão ligadas à falta de conhecimento: gestão de pessoas, fluxo de caixa e como administrar um negócio (um em cada quatro empreendedores reconheceu a deficiência).

É recomendável conhecer as características de empreendedores que deram certo e verificar se você se identifica com elas. O Sebrae coloca no site, à disposição,um teste para ajudar a identificá-las. Entre essas qualidades, estão:

- Conhecer o ramo de atuação e buscar sempre novas informações
- Ter capacidade de liderar e motivar
- Correr riscos calculados
- Ser otimista, organizado e criativo
- Ter comprometimento e determinação
- Ser persistente, não desistir e superar obstáculos
- Ser independente e autoconfiante
- Estabelecer metas
- Buscar oportunidades e tomar iniciativa
- Acompanhar o desempenho dos concorrentes
- Planejar e realizar um monitoramento sistemático das ações

Se o seu caso é montar negócio próprio, veja como elaborar um plano de ação à página 143.

Planejar é enxergar o futuro

Não se perca. Elabore o seu plano de ação.

Este plano definirá as ações a serem tomadas após coleta e análise do levantamento de informações profissionais. Será a sequência de providências que deverão ser tomadas, geralmente em curto prazo, com a descrição da maneira como devem ser postas em prática as ações estratégicas. Essa lista deve ser revista e, se necessário redefinida, na medida em que se avançar na direção ao objetivo; será como um ajuste de rota. Apesar de parecer fácil definir o que precisa ser feito, o que acontece com frequência é que se perde de vista o propósito diante da rotina e dos afazeres.

Traçar o plano de ação é algo importante e tão fundamental que a partir dele é possível identificar a consistência em termos da disponibilidade de tempo e de dinheiro, além das possíveis dificuldades e como contorná-las. As ações práticas devem caber, por assim dizer, no dia a dia porque é preciso reservar tempo para a execução. Sem ação não se vai muito longe. E mudanças não acontecem por milagres.

Comece traçando uma linha do tempo, a partir da data de hoje. Atribua datas limites para concluir cada etapa – as pessoas costumam trabalhar melhor com objetivos claros e específicos, mas não devem perder de vista o objetivo final. Cada etapa concluída também confere o sentimento de realização do propósito. E funciona como bom motivador para se seguir adiante, apesar das dificuldades.

Considere o que possa dar errado no processo para alcançar seu objetivo e liste, pois é mais fácil encontrar alternativas antes que problemas aconteçam do que ser surpreendido. Dessa maneira, será possível também prever e identificar as causas dificultadoras e definir ações adequadas para resolvê-las. Se necessário, revise as etapas estabelecidas e verifique se podem ser antecipadas ou conduzidas paralelamente.

O acompanhamento de uma pessoa externa é sempre útil, pois haverá mais alguém interessado no resultado. Tenho clientes que sentem mais dificuldades que outros para implementar o plano de ação. Por essa razão, nossos encontros mensais, nessa fase do trabalho, funcionam como parceria e apoio para que a pessoa mantenha-se ativa e focada nos objetivos.

Nem sempre é fácil dar os primeiros passos. Há muitos que desistem nessa etapa, quando veem que precisam fazer um esforço maior do que imaginavam para concretizar a mudança. Ou desistem porque o momento financeiro é desfavorável, não há reserva suficiente de recursos ou o tempo exigido para que os primeiros resultados aconteçam é muito longo. Muitos precisam se manter no emprego atual e dedicar grande parte do tempo livre para a realização das etapas necessárias.

Volto a fazer o paralelo com a imagem dos dois barcos. Em algum momento, e só você saberá quando, terá que ficar com os dois pés em apenas um dos barcos ou cairá na água. Pense nisso!

Plano de ação para mudança de área – nova opção de carreira

Não há apenas um caminho para concretizar a mudança de carreira.

Assim, a partir do que foi colhido no levantamento de informações, será preciso analisar as melhores opções, levando em conta a disponibilidade de tempo, de dinheiro e de pessoal. Em muitos casos, esse plano de ação é escalonado e pode demorar alguns anos para se concretizar.

Em casos de mudança de carreira, sempre sugiro a possibilidade de vivenciar e conhecer tanto quanto possível a nova área de interesse por meio de trabalhos voluntários, ou como *freelancer*, ajudando ou acompanhando outros profissionais. Essa experiência será de grande valia para minimizar frustrações futuras e baixar as expectativas. É importante desmistificar a nova atividade e entender que é diferente de um *hobby* ou algo que se faça por prazer. E que, eventualmente, a atividade pode perder o encanto. Por isso, muito cuidado ao transformar uma atividade de que gosta de realizar numa escolha profissional.

A própria ideia de mudar de carreira, que inicialmente era um grande desejo, pode encontrar resistências quando chega o momento de efetivar o projeto, pois as implicações e os impactos podem ser muitos e já vi muita gente desistir nesse ponto do processo.

Caso seja identificada a necessidade de realizar nova graduação, leve em conta que serão pelo menos alguns anos dedicados à formação e que, paralelamente, você terá que procurar alguma atividade que já ofereça a experiência e forneça algum ganho financeiro.

A vida profissional impacta diretamente a vida não profissional, e vice-versa. Um alerta, no caso de pessoas casadas: o parceiro, num processo de mudança de carreira, precisa compartilhar objetivos, receios, angústias e entender todos os motivos que o levam a essa transição. O processo, caso não seja bem conversado, entendido e apoiado pelo outro, pode ser bastante sofrido, tornando ainda mais pesada a mudança em si.

Já acompanhei situações complicadas nas quais o marido ou esposa apoia inicialmente a mudança, mas não aceita que a parceira ou parceiro perca o status atual, ou mesmo se afligem com o dano financeiro inicial que mudanças dessa natureza acarretam.

É importante que a família esteja consciente e de acordo com os impactos que essa mudança pode acarretar. Por isso sempre pergunto sobre o apoio do companheiro ou de familiares e sobre a reserva financeira. Na grande maioria das vezes, esses são fatores limitantes para levar a cabo mudanças radicais, porque são poucas as pessoas que se planejam emocional e financeiramente para tal situação.

Não há um número mágico em termos de valores e tempo para consolidar a mudança, mas apresentarei histórias de pessoas que realizaram as mudanças que propusemos até aqui. Os relatos poderão ser muito úteis para compreender que é possível, mas que há dificuldades ao longo do percurso.

Para os mais jovens, a questão costuma ser menos complicada, mas ainda assim terão que lidar com as frustrações que receberão de pais, familiares e amigos, especialmente se a mudança não for para uma atividade convencional e/ou ambicionada por eles. Atendi uma médica que cursou a faculdade para agradar ao pai, mas ao longo do curso percebeu que não era o que queria fazer profissionalmente. Suas ambições eram, ao que concluímos, atuar na área do comércio de roupas. A parte mais difícil desse processo, mesmo sendo uma jovem de 30 anos, foi justamente explicar ao pai que abandonaria a medicina.

Inicialmente sofreu muito com a falta de aceitação dele, mas conseguiu apoio de outras pessoas importantes de seu relacionamento e, mesmo com dificuldades, levou o projeto adiante. A ruptura da trajetória profissional já constituída é geralmente muito ameaçadora diante das incertezas que a nova carreira pode trazer.

A perda de status pode causar profundo impacto na percepção das pessoas que cercam aqueles que desejam mudar de carreira. Esse pode ser outro fator limitante e dificultador para levar o projeto a cabo, principalmente para os homens. A figura masculina ainda é percebida como provedora e responsável pela manutenção da estrutura familiar. Em minha experiência, percebo que é mais difícil para o homem do que para as mulheres abandonarem o status e a condição de insatisfação por algo muito radical. Em geral, os homens buscam alternativas mais próximas à experiência anterior, mantendo, de alguma forma, a rentabilidade financeira. Com isso não estou dizendo que homens não abandonem tudo para fazer algo totalmente diferente, mas enquanto estão trabalhando essa possibilidade diminui muito. Por outro lado, quando estão desempregados, as chances aumentam.

Também percebo que há maior tolerância familiar e social quando é a mulher que deseja mudar. Mas o apoio do marido ou companheiro continua sendo fundamental para que esse processo avance.

Assim, deve-se incluir no plano de ação a obtenção do apoio emocional, principalmente, e também financeiro, sempre que possível e necessário para que se possa seguir adiante.

Deve-se considerar:

Investimentos financeiros para a realização de graduação, pós-graduação ou especializações, cursos técnicos de curta ou média duração. Participação em associações relacionadas à área ou atividade. Participação em feiras e eventos relacionados à área ou ao setor.

Investimentos de tempo para a execução dessas atividades, para experienciá-las em estágios remunerados ou não, para estudar e pesquisar. Participação em feiras e eventos relacionados à área ou ao setor.

Investimentos em recursos materiais para aquisição de equipamentos, ferramentas, *software*, livros, apostilas.

Importante ter em mente que está sendo construída uma nova identidade profissional e que isso leva tempo. Nem sempre é possível aproveitar os relacionamentos anteriores para essa nova etapa profissional. Para tanto, será fundamental incluir no plano de ação o desenvolvimento de nova rede de relacionamentos, distinta da anterior. Essa rede terá que ser construída. Busque associações da área, participe de grupos de estudo, vá a palestras. Identifique pessoas que sejam referências nessa nova área. Participe de grupos em redes sociais, não apenas como ouvinte, mas tente contribuir de alguma maneira com suas ideias.

Ainda nesse sentido, mantenha relacionamentos com professores e profissionais da área e sempre que possível peça orientações, sugestões e conselhos. Ofereça-se para ajudar com pesquisas e ou projetos.

Mantenha o plano de ação sempre à vista, numa agenda, ou em algum lugar visível, para manter o curso de suas ações. Em projetos de médio prazo, como mudanças de carreira, persistência e determinação serão seus maiores aliados. Reveja seu cronograma e suas ações estabelecidas com frequência.

Haverá momentos de incertezas e inseguranças, mas essas sensações fazem parte de todo e qualquer projeto de mudança. Uma coisa que ajuda é pensar nos motivos que levaram à opção pela mudança de carreira. Geralmente, a situação anterior beirava o insustentável e, nesse ponto, na maioria das vezes, o retorno àquela situação é algo remoto.

Apresentarei a seguir o relato de um profissional que abandonou a carreira de marketing em uma empresa transnacional de grande porte para atuar na área de desenvolvimento de pessoas. O relato é do próprio Leandro Kao.

Meu nome é Leandro Gheti Kao. Nasci na cidade de São Paulo, em 1972. Aos 22 anos, me formei em Engenharia de Produção na USP (muito por influência de meu pai, também engenheiro), porém nunca atuei como engenheiro propriamente dito. Desde o início de minha carreira como executivo, trabalhei com desenvolvimento de produto e marketing em importantes marcas de moda e do segmento esportivo. Tive uma passagem de rápida ascensão, de estagiário, para assistente e gerente num prazo relativamente curto. Nessa área de marketing, sempre atuei com "meio de campo" entre as diversas áreas das empresas (produção, vendas, finanças, logística etc.). Após 15 anos de carreira em marketing, estava como gerente de Grupo de Produtos de uma marca brasileira, atuando no Brasil e no exterior. Naquele ano, fui alocado para trabalhar na implantação de um projeto de ERP em toda a empresa. Durante um ano, vivi nesse projeto, dentro de um ambiente difícil, chegando até a desenvolver uma alergia no corpo toda vez que tinha uma reunião decisiva. Quando retornei à minha posição de marketing, percebi que não era mais esse tipo de trabalho que fazia sentido para mim. Na época, estava com 36 anos, casado e com dois filhos (cinco anos e um ano).

Nada mais fazia sentido. Meu propósito de vida não se identificava mais com o propósito da empresa. Tinha um cargo importante. O pacote de salário+benefícios+bônus era bom, a projeção no mercado era relevante, porém nada daquilo tinha mais valor para mim. Não suportava o trabalho do dia a dia. Eu continuava fazendo tudo muito bem, porém sem aquele brilho nos olhos. Ia trabalhar todos os dias "arrastado", questionando tudo o que fazia e o que solicitavam que eu fizesse.

Aquele foi um momento bastante difícil. Foi um momento em que eu sabia que não queria mais o que estava fazendo, porém não tinha ideia do que pretendia fazer no futuro. Parecia que estava "desencaixado" na vida. Então, quando o incômodo estava maior do que podia suportar, decidi que era necessário mudar de carreira; mudar de vida.

Ao longo do projeto de ERP já vinha conversando com minha esposa sobre minha insatisfação, porém, numa determinada noite, tive uma conversa com ela. Expliquei tudo o que estava acontecendo, o que sentia e o que tinha vontade de fazer. Disse a ela que havia chegado ao meu limite. Não suportava mais continuar daquele jeito. Esse ponto foi crucial para meu processo de mudança, pois felizmente tive o total apoio dela. Se não tivesse feito esse acordo, provavelmente não teria feito todos os movimentos que fiz posteriormente.

Daquele dia em diante, traçamos um plano de economia financeira. Reduzimos vários gastos familiares, além de todo o bônus anual que também era poupado. Essa foi uma condição que decidimos: ter dois anos de "sobrevivência financeira" para poder me aventurar em algo novo, livre dessa preocupação. Esse foi outro importante ponto, pois me deu a tranquilidade de que precisava para tomar as decisões necessárias dali em diante.

Continuei na mesma empresa, trabalhando com as mesmas coisas, porém agora o incômodo do dia a dia era menor. Conseguia trabalhar mais animado, pois havia o objetivo real de mu-

dança: descobrir algo novo para trabalhar, para dedicar minha energia. Vivia com as "antenas" ligadas, conversava com amigos com quem há tempos não falava, lia notícias em diferentes mídias, participava de palestras abertas etc. Parecia que estava aberto às oportunidades do mundo.

Assim, sempre que uma decisão é tomada, parece que o universo todo conspira a favor. Naquele ano, tive a oportunidade de fazer um curso in company *com uma consultoria sobre a qual já tinha ouvido falar. No curso, descobri um novo campo de atuação: a área de consultoria de desenvolvimento organizacional. Fazer aquele curso foi como abrir as "cortinas" de um novo caminho para mim. Voltei para casa e disse a minha esposa: "descobri o que eu quero ser e fazer daqui para frente!"*

Agora, já sabendo o que queria, o próximo passo era traçar um plano consistente de mudança. Nesse momento, busquei auxílio e iniciei o trabalho de orientação de carreira com a Adriana. Esse foi outro ponto importante, pois me trouxe a disciplina necessária para elaborar e executar o plano de mudança que geralmente é muito fácil de ser "autossabotado". Ela me apoiou nesse processo, dividindo as dores, angústias, os medos, receios, as alegrias e experiências sobre a nova carreira que pretendia trilhar.

Traçamos um plano de transição de dois anos de duração. Durante esse período, teria tempo suficiente para fazer a reserva financeira, me capacitar para a nova carreira e fazer os test drives *necessários.*

Conclui o curso em consultoria de desenvolvimento organizacional, mas nada de ir para a prática. Em um dos encontros com a Adriana, ainda reticente em dar início à experimentação da nova atividade, apesar de todos os incentivos e das oportunidades que estavam surgindo, eu estava relutante. Ela havia dito que experimentar, minimamente, era fundamental, mas resistia certamente por insegurança, pois acreditava que ainda precisaria de mais tempo para me capacitar. Nesse dia acabei saindo do nosso encontro com uma missão. Esse foi um importante "empurrão" da Adriana, decisivo para começar a dar aulas, palestras, minicursos em empresas; testar realmente minhas habilidades e principalmente verificar se aquele sonho na prática iria me realizar ou era apenas uma ilusão. E felizmente a prática desse test drive *reforçou ainda mais minha vontade e coragem para mudar. Assim, iniciei atividades paralelas ao meu trabalho na empresa durante a noite e nos finais de semana.*

Novamente, uma oportunidade surgiu em meu caminho e recebi um convite para trabalhar como consultor em uma importante companhia de desenvolvimento organizacional. Estava começando o ritual de passagem para a nova carreira. Faltava, agora, fazer o ritual de saída da carreira de marketing.

Durante os últimos seis meses na empresa, fui deixando todos os trabalhos documentados, compartilhei e deleguei os projetos aos meus subordinados e no final do ano de 2010 estava praticamente com todas as responsabilidades passadas para cada um dos meus gerentes. No início do ano, após completar dez anos de empresa, comuniquei aos meus superiores a minha decisão. Felizmente, mais uma vez, tive pessoas que me apoiaram. Meus superiores entenderam que não se tratava de uma mudança de emprego e sim de carreira. Aceitaram meu pedido de demissão e me desejaram boa sorte na nova empreitada. Em fevereiro de 2011, iniciei minha nova carreira como consultor de desenvolvimento organizacional. Nascia ali minha nova identidade profissional.

Ao todo, foram dois anos e meio de processo de mudança, vividos intensamente, com muitos altos e baixos. Durante vários momentos, senti insegurança e receios, com uma voz interna dizendo "melhor não mudar e deixar tudo como está". Porém, a clareza de propósito e o apoio externo sempre me alimentaram com a força necessária para que eu conseguisse fazer o que tinha que ser feito, renunciar à minha carreira antiga e iniciar um novo caminho em minha vida.

Espero que esse breve relato traga inspiração e coragem para qualquer pessoa que se identifique um pouco com minha história e tenha esse mesmo desejo de mudar de carreira. O processo de mudança não será fácil, nem tranquilo, mas confiem que no final todo o esforço valerá a pena.

Resumo do meu processo de mudança em doze passos:

1. *Sabia que não queria mais meu trabalho, porém não sabia o que queria (incômodo e dor)*
2. *Tomei a decisão de mudar;*
3. *Fiz o acordo com minha esposa*
4. *Definimos juntos do que não abrir mão*
5. *Tivemos disciplina para fazer a reserva financeira*
6. *Ampliei horizontes, busquei alternativas e formei uma nova rede de relacionamentos*
7. *Encontrei minha nova carreira*
8. *Busquei apoio na Orientação de Carreira e elaborei o plano de mudança*
9. *Fiz minha capacitação para nova carreira*
10. *Realizei os* test drives*;*
11. *Fiz a passagem de saída ("renunciar à carreira antiga")*
12. *Fiz a passagem de entrada ("nascer de uma nova identidade").*

Plano de ação para mudança de emprego

Trocar de emprego não chega a representar mudança muito radical. Identifica-se que o problema está na relação com o superior ou na natureza das atividades naquele negócio ou segmento, ou qualquer outro motivo que não seja a escolha profissional. Analisada a situação, chega-se à conclusão de que o mais adequado é mudar de emprego. Então, depois de trabalhar o autoconhecimento, que fornecerá boa base para identificar aspectos que são valorizados pessoal e profissionalmente, e depois de realizar o levantamento de informações definidas na etapa anterior, os próximos passos são os seguintes:

Definição do objetivo: a que posição ou vagas deseja se candidatar?

Ter esse ponto muito claramente definido faz toda diferença para os próximos passos. Isso se chama foco. Você tem que saber o que quer, porque é o que fará a diferença entre escolher um lugar para trabalhar e ser escolhido para trabalhar em algum lugar.

Elaboração de um currículo estratégico: o currículo é peça estratégica.

A estruturação do currículo como elemento importante no processo de prospecção do mercado deve levar em conta o objetivo e as necessidades do segmento, área e negócio em que se deseja atuar. Nem sempre é a peça mais importante, dependendo do canal de divulgação utilizado. Se for uma indicação, por exemplo, a peça em si pode nem ser tão importante quanto a entrevista propriamente dita, mas é sempre chave para iniciar um diálogo profissional. Por outro lado, muitas vezes será o único veículo capaz de levar sua experiência para dentro de um processo seletivo. Impresso ou disponível eletronicamente, desencadeará o interesse do entrevistador ou gestor em conhecê-lo pessoalmente e conduzi-lo a uma entrevista, principalmente na resposta a anúncios de vagas e com pessoas que não o conheçam pessoalmente, o que é a maioria dos casos.

E, por que, o currículo é peça estratégica?

Sempre me pedem para avaliar currículos e perguntam se está bom. É uma pergunta difícil de responder. Eu digo que currículo bom é aquele em que o selecionador encontra as informações úteis para ele, ou seja, para a vaga em questão e para o negócio. Por essa razão é que o levantamento, a pesquisa e análise de vagas abertas e disponíveis são tão importantes, pois servirão como balizadoras entre a sua experiência e as expectativas do mercado para aquela posição.

O cruzamento e a análise dessas informações, ou seja, as descrições mais detalhadas das vagas oferecidas, comparadas com a experiência pessoal, são enriquecedoras e elucidativas. Curiosamente, a maioria das pessoas tem muita dificuldade para verbalizar e redigir, de maneira clara, objetiva e direta, dados sobre suas qualificações, habilidades, experiências e resultados. Nem sempre as pessoas têm a percepção clara, para si e para o mercado, de quais competências representam maior valor para a atividade que desempenham, e de qual é esse valor para a mesma posição em outras organizações.

Elaborar um bom currículo não é fácil. Por isso, dedique tempo para isso. Considero que duas páginas sejam mais do que suficiente para apresentar bem o resumo da trajetória profissional. Analistas, selecionadores e também gestores, com raríssimas exceções, não têm paciência e nem tempo para ler dossiês enormes; esses tendem a ser descartados já no primeiro momento – costumam ser percebidos como prolixos e sem objetividade, o oposto do que, geralmente, se deseja de um profissional.

Currículos objetivos são bem vistos para seleção empresarial, executiva, e mesmo para cargos acadêmicos ou cargos técnicos. É preciso avaliar quais são as necessidades de quem contrata; em alguns casos há especificações claras para elaboração do material. Já analisei milhares de currículos ao longo de minha vida inteira. Os que mais me chamaram a atenção, negativamente, foram dossiês, alguns com vinte ou trinta páginas. Certa vez recebi o currículo de um advogado que parecia uma missiva, utilizando termos jurídicos, com formato de petição ou algo parecido. Alguns são até encadernados, com dados da carteira de habilitação e certificado de reservista, informações totalmente desnecessárias num processo de seleção. Outros ainda mencionavam *hobbies*, alguns até dos mais estranhos, como colecionador de brinquedos antigos. Convenhamos, para uma vaga de contador, é uma informação nada relevante.

Não há um modelo de currículo que seja o melhor, mas lembre-se: trata-se de uma peça de marketing dentro de uma campanha para promover suas competências, de maneira positiva, para o mercado em que deseja atuar. Assim, pensando estar numa campanha para se promover, quais seriam suas competências e os resultados mais valorizados pelo seu futuro empregador?

Procure elaborar o currículo a partir do ponto de vista do empregador, que procura alguém para preencher sua necessidade e resolver suas dificuldades. Tente antecipar, na área em que deseja atuar, quais são o problemas frequentes, gargalos e dificuldades. As dificuldades costumam ser muito parecidas em várias empresas; certamente alguma coisa em que você se destaca numa empresa será útil em outra empresa ou negócio. Mas é preciso "se colocar na pele" do contratante. O que ele ganharia contratando você? Por que contrataria você? Quais são os seus diferenciais? De que maneira poderá ser útil para aquele negócio?

Há dois tipos básicos de currículo: o cronológico e o funcional. Considero que o segundo atende melhor a maioria dos profissionais.

Currículo cronológico: geralmente o preferido pelas consultorias. Aliás, muitas consultorias de recrutamento e seleção não se dão nem ao trabalho de elaborar o currículo para enviar aos clientes, pedem aos próprios candidatos que o façam. Assim, caso você tenha que passar por essa situação, isso pode até ser uma vantagem competitiva, pois poderá, depois de entender as necessidades da vaga e da empresa, redigir seu conteúdo da maneira que mais eficientemente consiga valorizar experiências, habilidades e resultados. Algumas consultorias fornecem o modelo, deixando ao candidato à vaga a responsabilidade pelo conteúdo.

Com pequenas variações na ordem de apresentação dos dados, o objetivo principal desse modelo de currículo é a valorizar a cronologia empregatícia. O tempo de permanência nas empresas, que reflete estabilidade, é reforçado neste modelo. Mas há que se considerar que estabilidade é um conceito que mudou bastante na última década. É cada vez menos frequente encontrar pessoas que tenham permanecido dez ou 15 anos na mesma organização. Hoje em dia, ficar pouco tempo em cada empresa não é mais visto como um problema, desde que a pessoa tenha passado por promoções e evoluído na carreira, mesmo que lateralmente, naquela organização. O que pode complicar a análise positiva de um currículo com grande estabilidade é a permanência durante muitos anos na mesma posição, realizando as mesmas atividades, porque se pressupõe que a pessoa esteja desatualizada.

Também considero importante apresentar apenas os últimos dez anos de vida profissional. Dados anteriores a isso devem ser incluídos apenas em citações e, mesmo assim, quando forem muito relevantes para o objetivo. Experiências muito antigas não acrescentarão quase nada, principalmente em áreas relacionadas à área tecnologia de informações, por exemplo, que muda velozmente. Para um candidato a uma posição de diretoria – com todo o respeito que tenho pela trajetória profissional das pessoas –, não há a menor relevância em citar que iniciou carreira como *office-boy*. Cito esse exemplo porque eu mesma entrevistei um profissional para uma vaga de *controller*, e vi em seu currículo a informação de seu primeiro trabalho como *office-boy*; e o que foi pior: na entrevista ele também começou a relatar sua experiência por esse primeiro emprego. Pensei comigo: *"até chegar aos dias de hoje levaremos três dias!"* (comentarei sobre entrevista de trabalho adiante, neste livro).

Inclua os dados pessoais no lado superior direito. Há um motivo para isso: a facilidade de localizar as informações. Saiba que esse espaço costuma ser o mais caro em publicações impressas de jornais e revistas, porque de maneira geral as pessoas costumam iniciar a observação de uma página por ele. Por isso, trate de disponibilizar seus dados em boa localização, para facilitar a vida dos analistas e de quem queira encontrar você.

Assim não se esqueça de colocar em destaque, seu nome, endereço, telefone para contato, endereço de e-mail, nacionalidade, estado civil e número de filhos, caso os tenha. Parece óbvio, mas já me deparei com currículo que não continham essas informações.

Abaixo dos dados pessoais, defina clara e objetivamente o seu objetivo, que é o básico, e a partir daí virá a descrição cronológica do desenvolvimento profissional. A preferência é que a cronologia seja iniciada da atividade mais recente para as mais antigas.

Veja um exemplo abaixo

Currículo Cronológico – modelo 1

Nome
Endereço
Telefone
e.Mail
Idade, estado civil, filhos *(se tiver)*

Objetivo:

Histórico Profissional

Período
(da atividade mais recente para a mais antiga)

Nome da empresa
(breve descrição da empresa)

- Descrição das atividades

Formação Acadêmica

Também iniciando da mais recente para a mais antigas. Caso tenha MBA, pós graduação, ou mais de uma graduação, por exemplo.

Idiomas *Incluir apenas idiomas fluentes ou pelo menos em nível avançado*

Cursos Complementares
Inclua apenas aqueles que valorizem o seu objetivo

Currículo Funcional: é o modelo que, repito, considero o mais adequado. Este currículo tem por objetivo valorizar a experiência adquirida, independentemente do momento em que ocorreu. A estabilidade não será o principal aspecto a ser valorizado, mas todo o conhecimento que poderá ser colocado à disposição do futuro empregador. A permanência nos empregos não tem sido mais tão apreciada nas últimas décadas, como já vimos. Por isso, a diversidade de conhecimentos e os aspectos culturais adquiridos em outras experiências podem revelar o valor do candidato em termos de flexibilidade e adaptação aos novos negócios e às culturas organizacionais. Desde que as mudanças de empregos não sejam tão frequentes e que o intervalo entre elas seja em média de dois anos, aproximadamente. Não é regra, mas empregador algum gosta de perder funcionários. E alguém com histórico de mudanças frequentes, mesmo que bem justificadas na entrevista de emprego, pode não ser muito bem visto.

Este modelo também deve ser bastante conciso. A principal mudança, neste caso, é a descrição, abaixo do objetivo, de um resumo de qualificações. Um número bastante apropriado é entre seis e oito itens. Esta é, na minha percepção, a alma do currículo. É nesse espaço, tanto no modelo cronológico quanto no funcional, que você deverá apresentar ao seu leitor os melhores motivos para que queira conhecer você pessoalmente. Deve ter um texto bem redigido e objetivo, deixando clara a sua experiência, as suas habilidades e os seus conhecimentos. Nunca revele informações sigilosas das empresas em que você tenha trabalhado anteriormente. E, sempre que possível, o currículo deve mostrar resultados alcançados, que demonstrem que você conseguiu realizar e gerir projetos, melhorar processos, reduzir custos, aprimorar prazos, superar metas, formar, desenvolver e gerir equipes. A ideia é evidenciar ao futuro empregador que, se você foi capaz de entregar tais resultados em outra empresa, certamente poderá fazer o mesmo pela empresa dele. Veja a arquitetura desse modelo:

Currículo funcional – modelo 2

Nome
Endereço
Telefone
e.Mail
Idade, estado civil, filhos *(se tiver)*

Objetivo:

Síntese de Qualificações

- *Descrever a experiência profissional em tópicos, entre 6 e 8, sendo que cada tópico deve valorizar sua experiência frente aos seus objetivos e frente as necessidades da área em que deseja atuar.*

Formação Acadêmica

Iniciar da mais recente para a mais antigas. Caso tenha MBA, pós graduação, ou mais de uma graduação, por exemplo.

Idiomas *Incluir apenas idiomas fluentes ou pelo menos em nível avançado*

Cursos Complementares

Inclua apenas aqueles que valorizem o seu objetivo

Histórico Profissional

Período
(da atividade mais recente para a mais antiga)

Nome da empresa
(breve descrição da empresa)

Cargo ocupado Período
Cargo ocupado Período
Caso tenha havido promoções

Cada item da síntese de qualificação deve valorizar o que você tem de melhor, frente ao objetivo proposto. Sugiro que cada tópico tenha no máximo entre três e quatro linhas. A objetividade é fundamental para que todas as informações relevantes. Assegure-

-se de que dados sobre formação acadêmica, domínio de idiomas e cursos de atualização ou complementares estejam disponíveis já na primeira página. Isso facilitará muito a vida do analista e de qualquer pessoa que venha a ler seu material.

Outras informações, como vivência internacional, prêmios recebidos, livros publicados, domínio de sistemas específicos ou muito técnicos, devem ser incluídos na síntese também. Em casos especiais, e quando for de relevância superior para a posição desejada, é possível criar um subtítulo especial.

Recomendo não incluir foto no currículo. Em nossa cultura esse não é um fator relevante e na maioria dos casos em que recebi currículos com fotos, preferia que tivessem vindo sem elas. Geralmente têm qualidade questionável, baixa resolução, estão fora de formato e foram muitas vezes aproveitadas e recortadas de álbuns de casamento ou de algum evento social, o que não é adequado. Há casos de fotos em que a pessoa está muito maquiada, com roupa decotada demais ou em atitudes impróprias para uma situação de emprego. Gosto não se discute, mas, na dúvida, sugiro não incluir foto no currículo. Nos Estados Unidos e na Europa é hábito incluir fotos quando se envia um currículo, mas são fotos feitas por profissionais e que recebem tratamento. Há especialistas em retratos para currículo no exterior; são profissionais especializados que vivem desse trabalho. Não é o caso aqui no Brasil. Além do mais, se quiser utilizar sua imagem, cuide dela no perfil das redes sociais. Falaremos adiante sobre isso.

Divulgação do currículo: Uma vez elaborado, inicia-se a etapa de divulgação. O objetivo é a geração de entrevistas de emprego. A divulgação pode ser realizada em diversos canais simultaneamente. Como principais canais de divulgação, sugiro estes:

- Sites de vagas
- Consultorias
- *Network*
- Redes sociais

• ***Sites de vagas***: A despeito do que possa parecer, pela facilidade de acesso e pelo volume de vagas anunciadas, não considero que esse canal seja o melhor, mas também acredito que não se deva prescindir dele. São, certamente, os catalisadores de um grande volume de vagas disponíveis. Por um motivo simples: são uma frente barata ou sem custos para as empresas disponibilizarem suas oportunidades, portanto não será difícil que a mesma vaga esteja disponível em diversos sites. O que não é ruim. Muito ao contrário – para as empresas é ótimo, pois alta exposição também vai gerar grande quantidade de candidatos.

Entretanto, quantidade não quer dizer qualidade. O número de currículos que uma empresa pode receber por vaga anunciada pode ser assustador. Candidatam-se pessoas empregadas querendo avaliar o mercado sem real intenção de mudar de empresa, pessoas que desejam mudar de emprego, desempregados com perfil para a vaga, desempregados sem perfil para a vaga, empregados sem o perfil da vaga e paraquedistas em geral, que enviam currículo para qualquer vaga.

Assim, não é de admirar por que muita gente diz que esses sites não funcionam. Na verdade, não é que não funcionem, mas pense do lado da empresa: suponhamos que se tenha conseguido identificar, entre os 500 primeiros currículos de cerca de 1.800 que chegaram para uma vaga, cinco que atendam os pré-requisitos; para que ela analisaria mais 500? Encontrar cinco candidatos para uma vaga já é um sucesso – geralmente considera-se, com otimismo, três candidatos para uma vaga. É claro que há exceções. Certa vez analisei cerca de mil currículos para selecionar e entrevistar 60 candidatos e apresentar apenas quatro finalistas para o cliente!

Se você tiver sorte de estar entre os primeiros, e estiver dentro dos pré-requisitos mínimos, poderá ser chamado. Parece cruel, mas é assim que acontece. Corre-se o risco de perder um bom candidato entre os currículos não analisados? Sim! Mas o tempo também é importante na maioria dos processos de seleção. Por isso, mesmo correndo riscos, tem-se a possibilidade de fechar a vaga dentro do prazo determinado, com boa qualidade. Pelo menos é o que se espera.

Há estudos sobre processos algorítmicos para seleção de perfis com base em informações colhidas nas redes sociais, mas isso ainda não é realidade. Será um avanço, e provavelmente resultará em menos perda de qualidade e desperdício de tempo entre pessoas interessadas e o preenchimento das vagas. Pode vir a ser um bom negócio.

Pesquise e analise a qualidade e a quantidade de vagas para o perfil desejado. Nem sempre o nome das empresas aparecerá nos anúncios – são as vagas fechadas; o candidato só saberá qual é a empresa se for convidado a participar do processo seletivo. Mas se você identificou que a descrição da posição encaixa-se em suas expectativas, vale a pena enviar.

Há empresas que realizam uma "pré-entrevista" por e-mail, antes de uma possível entrevista pessoal. Essa metodologia consiste do envio de um questionário com perguntas estratégicas para a vaga e para as necessidades da empresa, portanto a qualidade das respostas nessa etapa poderá ser decisiva para continuar no processo. Costuma ser bem eficaz, pois a qualidade das respostas e a objetividade fazem diferença. Para quem analisa currículos diariamente, é muito fácil identificar quando alguém está "enrolando" ou sendo evasivo numa resposta.

Caso opte por fazer assinatura de algum site de vagas, sugiro que escolha apenas um, e tire o maior proveito dos benefícios que oferece. Há pacotes que incluem cursos gratuitos on-line e vale a pena conhecer. Há também muitos sites gratuitos que pode ser bom conhecer e que funcionam bem.

- **Consultorias:** Outro canal de divulgação importante. Muitas consultorias realizam processos de recrutamento e seleção, desde as que trabalham com níveis operacionais até as especializadas em executivos de alto escalão. Há na internet muitas listas de consultorias disponíveis, algumas setorizadas, o que facilita muito identificar as que atuam nos segmentos e áreas do seu interesse.

Algumas empresas oferecem serviços de assessoria em recolocação e outras realizam o trabalho de recrutamento e seleção, ou "*executive search*". Os dois últimos são praticamente o mesmo trabalho. Algumas dessas consultorias também realizam o serviço de *hunting*, executado pelos *headhunters*. Sobre esse tema preciso fazer uma ressalva.

Já escutei centenas de vezes esta frase: *"Quero contratar um headhunter para me recolocar no mercado.* Costumo dizer que seria melhor encontrar um *jobhunter* (caçador de vaga). Essa confusão se dá porque, de maneira geral, as pessoas não sabem muito bem o que faz um *headhunter*. Esse sujeito é um prestador de serviços contratado por uma organização para encontrar um profissional bastante específico para determinada posição. Geralmente são cargos confidenciais, complexos ou difíceis de preencher. Trata-se de um serviço caro para as empresas. Esse profissional não trabalha para pessoas físicas, mas para pessoas jurídicas. Ele recebe uma "missão". Digo isso porque, como ex-*headhunter*, já cacei muitos profissionais e as exigências eram muitas.

Este profissional recebe o pedido da empresa contratante, faz o mapeamento do mercado, localiza os profissionais que se encaixam no perfil desejado e os convida a avaliar uma oferta de emprego. É importante que a questão da remuneração fique clara. Quem paga pelo serviço do *headhunter* é a empresa que o contratou, nunca o "caçado". O convidado "caçado" não paga nada por isso. Infelizmente, por falta de informação, ansiedade ou desespero para conseguir um emprego, as pessoas se deixam levar por vigaristas que oferecem um serviço que não existe e que nem seria possível executar.

Uma pessoa física não contrata um *headhunter*. Entretanto, é interessante, se você estiver em posição de alta gerência e daí para cima, que tenha contato com esses profissionais. Será importante que eles se lembrem de você, na eventualidade de alguma empresa, cliente deles, busque no futuro um profissional com o seu perfil.

Empresas sérias que realizam serviços de recrutamento e seleção não cobram nada dos candidatos, nem pela realização de testes, nem pela elaboração de currículo e nem para qualquer outro serviço que venham a oferecer. Então, cuidado! Caia fora das empresas que tentarem vender "serviço" em troca de vagas.

As empresas, muitas vezes, terceirizam uma parte ou a totalidade dos serviços de recrutamento e seleção para consultorias. Esta prática de terceirização é bastante comum. Entretanto, não há custo para o candidato. Visite os sites dessas empresas e se candidate às vagas abertas. Mas tenha em mente que nem sempre vale a pena investir tempo cadastrando o currículo em todos os sites. A maioria não consegue manter atualizado o banco de dados de currículos e, nesse sentido, preferem divulgar uma nova vaga que procurar candidato num banco de dados desatualizado. Para o candidato, é melhor responder às vagas atuais que perder um tempo precioso se cadastrando e incluindo o currículo em sistemas nem sempre amigáveis e que não costumam salvar as informações que você gastou tanto tempo lançando. O mesmo aplica-se ao "trabalhe conosco" de muitas empresas. Mas se for uma empresa do seu interesse, invista assim mesmo. Quem não arrisca não petisca.

Os processos em consultorias costumam ser exigentes. Se o candidato não tiver perfil bem adequado às necessidades da vaga, dificilmente será chamado para entrevista pessoal. O processo de entrevista dessas empresas também costuma ser complexo; em alguns casos o candidato passa por entrevista com dois ou três consultores antes de ser encaminhado para a empresa contratante. Costumam realizar testes e checar referências com antigos empregadores. Pela complexidade, são processos mais lentos do que aqueles conduzidos pela própria empresa. Quando eu fazia *hunting*, costumava checar referências em três níveis: com o antigo empregador ou gestor direto, com um par e com um subordinado. Esse procedimento costuma oferecer mais segurança para a empresa que contratou a realização do serviço. Agora você entende porquê os relacionamentos com colegas de trabalho são sempre importantes.

• ***Networking***: Se há um fator que pode causar desequilíbrio na vida de qualquer profissional, quando se trata de processo de recolocação, sem dúvida, é a qualidade dos seus relacionamentos. Vivemos num mundo de relações e relacionamentos, por isso estar em contato com pessoas influentes e com a vida social ativa faz grande diferença. Minha recomendação é esta: cultive seus relacionamentos, porque são o seu maior patrimônio.

Tem gente que não sabe como cuidar dos relacionamentos. Na verdade, eu diria que não se trata de seguir um roteiro pré-definido, mas de postura diante da vida. Simplesmente há pessoas com as quais a gente aprende e com quem vale a pena manter contato. Elas podem estar em todas as áreas, profissões e em diversos níveis hierárquicos. São pessoas que têm histórias e experiências interessantes. Já aprendi muito com gente muito simples e recebi indicações e sugestões que vieram das fontes mais improváveis, e por isso sou muito grata. Assim, o valor está na pessoa e não no que ela está fazendo no momento. Essa é a minha sugestão número um, e a mais importante.

A negligência com a rede de relacionamentos geralmente é sentida no momento em que mais se precisa dela. É preciso conquistar e manter esta rede – não basta apenas marcar encontros e trocar cartões, é necessário estabelecer relações e compartilhar interesses e informações, e investir tempo para cultivar as relações com outras pessoas.

Existe literatura sobre o tema. Mas acredito, verdadeiramente, que o que importa é manter relacionamento com pessoas pelo interesse genuíno nelas e não visando a obter algum favor ou vantagem pelo cargo que ela ocupa, mesmo porque os cargos são temporários. Cargos passam, pessoas mudam de lugar, tudo é transitório. Mas se a pessoa vale a pena, mesmo que passe o tempo, o sentido da relação permanece.

A indicação de profissionais para vagas de emprego é prática no mercado de trabalho. Uma pesquisa realizada pela Right Management aponta que 70% das contratações são resultados de um bom *networking*. Grandes empresas, por terem maior estrutura de recursos humanos, valorizam a indicação, conferindo até remuneração a colaboradores cujas indicações resultam em contratações bem-sucedidas. As empresas costumam entender que a pessoa indicada por amigo adapta-se melhor culturalmente, porque, devido à amizade ou aos relacionamentos, tendem a ter gostos e interesses semelhantes, o que favorece a adaptação ao ambiente de trabalho.

Habitualmente, peço aos meus clientes que façam o exercício de se apresentarem em apenas trinta segundos. É fundamental ter um discurso curto e preciso sobre o que se faz profissionalmente. Trinta segundos é muito tempo. Experimente ficar em silêncio durante esse tempo e perceba quantas coisas podem ser ditas nesse intervalo, de declarações de amor e guerra até a efetiva conquista de um emprego. É um excelente exercício, que pode ser muito útil para ajudar a fazer contatos e iniciar relacionamentos.

Pergunto também quantas pessoas, começando pelas mais próximas e com as quais existe convívio, incluindo pais, irmãos, namorado/a, saberiam dizer bem o que a pessoa faz profissionalmente. A dificuldade para se apresentar e valorizar a atividade desempenhada é real. Muita gente tende a se apresentar pela função que exerce. Por exemplo: "faço folha de pagamento" ou sou contador, programador, terapeuta. Esta descrição é insuficiente para outras pessoas entenderem a complexidade e a importância do trabalho para a organização e para a sociedade. Também dificulta a percepção do outro sobre o potencial e a identificação do seu perfil para que seja considerado para uma promoção interna ou mesmo para participar de processos seletivos. Assim, levando em consideração que, na grande maioria das vezes, quando se inicia um relacionamento depois do nome a pergunta é: "o que você faz?", vale a pena investir algum tempo para treinar esse discurso.

Seguem algumas dicas que considero importantes, como um roteiro inicial para cultivar seus relacionamentos positivamente:[16]

Faça uma lista das pessoas do seu relacionamento pessoal e profissional e avalie o grau de proximidade. Ter acesso direto é um facilitador.

Identifique de que maneira cada uma dessas pessoas poderá ser útil, e não pense apenas na contratação. Esses *hubs* sociais podem ajudar muito, recomendando pessoas ou fazendo indicações de eventos e processos que estejam acontecendo em sua área de atuação. Aliás, minha sugestão é NUNCA pedir emprego. Você pode pedir indicações, conselhos, sugestões, mas nunca emprego. Já está implícito que você tem esse interesse, mas o pedido direto pode gerar constrangimento e colocá-lo numa situação delicada.

Frequente lugares diferentes para conhecer pessoas diferentes. Ir sempre aos mesmos eventos limita o alcance do seu grupo de contatos. Tenha em mente que congressos, palestras e reuniões com clientes não são os únicos lugares para trabalhar seu *network*. Bons relacionamentos profissionais podem ser construídos em cursos de atualização de curta ou média duração, em atividades extraprofissionais ou mesmo em atividades de lazer. O fato de se dispor a conhecer novas áreas de interesse ajuda na gestão da carreira, porque retira você do ostracismo profissional. A atitude de sair da zona de conforto profissional ajuda a ampliar os horizontes, a fazer conexões entre diferentes realidades, a analisar os diversos aspectos de uma situação por ângulos diferentes e a criar novos cenários e perspectivas.

Conhecer novas atividades pode, inclusive, criar oportunidades ou inspirar mudanças profissionais. Inclua na sua rotina alguma atividade prazerosa que não tenha nada a ver com seu trabalho.

Também é importante que você seja visto como alguém interessante para outras pessoas, que possa agregar valor, seja por aspectos pessoais, culturais, ou por um conhecimento específico – e isso inclui ler, ir ao teatro, cinema, estar bem informado. Busque pontos de interesses comuns, compartilhe ideias e convide as pessoas a opinarem sobre elas.

Ajude seu contato a ajudar você. Seja muito objetivo com relação ao que quer e ao que você espera dele. Levando em consideração o lugar onde ele está (empresa, posição), planeje antes de conversar, e seja claro e objetivo. As pessoas não têm tempo para escutar histórias longas e tristes. Apresente alternativas e avalie as possibilidades de auxílio que ele possa oferecer.

Não leve problemas; leve alternativas. Verifique com seu contato qual é a opinião dele a respeito de determinados assuntos. Também não procure as pessoas apenas quando estiver precisando de favores. Assim como você, as pessoas também percebem quando a aproximação é só por interesse.

Aproveite momentos nos quais as coisas caminham bem para desenvolver relacionamentos e cultivá-los. Reserve tempo para rever pessoas que você não encontra há algum tempo e que foram importantes na sua vida. Escreva, telefone e sempre que possível encontre-as. As conversas olho no olho são sempre mais marcantes e significativas do que por outros meios. Além do que, tempo talvez seja o bem mais precioso na vida de quem trabalha – e, se a pessoa concedeu esse tempo a você, já é um bom sinal.

As relações mais valiosas são aquelas em que há troca, onde existam interesses comuns. Por isso, sempre que possível, compartilhe informações úteis com essas pessoas e construa o relacionamento com base em ajuda mútua, credibilidade e confiança.

Quando você está aberto a conhecer pessoas, inclusive aquelas que não fazem parte de sua área profissional, pode se surpreender com os interesses e conhecimentos que as pessoas acumulam, também fora da área de atuação profissional.

A presença nas redes sociais, tópico que apresentarei a seguir, tem se revelado de grande utilidade para facilitar a aproximação com pessoas-chave. O resgate do contato com pessoas de destaque na sua vida profissional pode ser facilitado por esse canal. Mas, além de se apresentar virtualmente, lembre-se de que o contato pessoal é muito importante.

- **Redes sociais**

Não dá para imaginar o mundo sem as redes sociais. Esta plataforma de relacionamento não é recente na história da humanidade e já teve diversos formatos, mas assumiu outro caráter e dimensão a partir do momento no qual passou a fazer parte do mundo virtual. A internet e seus aplicativos têm facilitado enormemente a vida de quem está procurando emprego ou apenas mantendo-se atualizado com as constantes movimentações do mercado.

É impensável, para quem está buscando um novo emprego, ficar alheio às redes sociais, principalmente aquelas voltadas para assuntos profissionais. No Brasil, a mais reconhecida e utilizada por empresas e profissionais é o LinkedIn. Por ser ainda recente, a utilização das redes sociais no meio eletrônico envolve um deslumbramento que é, muitas vezes, tão grande quanto a desconfiança. Para utilizar bem e tirar o melhor proveito desses sites e aplicativos, é importante conhecer o seu funcionamento. Para que servem?

Servem, resumidamente, para que a pessoa veja e seja vista. Pensando apenas no lado profissional, a sua visibilidade pode aumentar muito. A característica das grandes cidades desfavorece o encontro frequente com pessoas interessantes que passaram pela nossa vida, sejam colegas de escola, faculdade, do trabalho. Em razão de tempo ou distância física, a manutenção dos relacionamentos é cada vez mais difícil. As redes sociais são uma "mão na roda" para facilitar esses relacionamentos e, também, para se aproximar de empresas e empregadores que, de outra maneira, poderiam ser inacessíveis.

É possível, ingressando nas redes sociais, utilizar-se desse canal para ser encontrado por empresas ou consultorias de recrutamento. Para isso, é recomendável revelar-se minimamente, oferecendo informações que facilitem a identificação das suas competências de maneira adequada.

Entramos, assim, num tópico importante e que está abrindo um novo mercado de trabalho: a construção e manutenção da sua imagem virtual. Sim, porque é importante você saber que tudo o que você publica nas redes sociais pode ser rastreado e encontrado. Não há clique inocente. Isto quer dizer que se você mantém um perfil bem cuidado no LinkedIn, mas é bem engraçadinho e faz postagens politicamente incorretas em outras redes, isso pode ser verificado – e é. Em muitos casos, recrutadores selecionam o perfil no LinkedIn e percorrem outras redes para verificar a coerência do perfil com as atitudes da pessoa.

Isso quer dizer que você não pode ser você mesmo e nem dizer tudo o que pensa nas redes sociais? É verdade. Já houve diversos casos de demissão profissional por postagens "pessoais" em redes sociais. Por isso, é fundamental administrar o grau de privacidade, manter a confidencialidade e escolher cuidadosamente para quem você direciona suas postagens. Se você pensar que as redes sociais funcionam como uma janela da sua vida para o mundo, e não é frase retórica, o que você gostaria que o mundo soubesse sobre você?

Quem precisa saber que você dorme com meias listradinhas, o que você está almoçando ou a data do aniversário da sua tia? Há coisas piores que são públicas nas redes sociais, mas são exemplos que ficam como ilustração do tipo de informação e da relevância do que você pode publicar. Se você não souber administrar essas informações elas estarão disponíveis – e com grande peso negativo

– para recrutadores, selecionadores, futuros empregadores, gestores. É ingenuidade imaginar que uma rede é profissional e que a outra é para ficar à vontade para escrever tudo o que pensa – é uma só rede, interligada, conectada.

O brasileiro é um dos povos que mais acessa redes sociais no mundo. Somos apaixonados pelas comunicações virtuais e devido à facilidade de expressão, às vezes nos esquecemos dos perigos da internet: fim da privacidade, falsa visão da realidade, excesso de exposição, abuso dos egos inflados que desrespeitam e eventualmente agridem os demais, com prepotência.

Quando se pensa em redes sociais virtuais, o mesmo código de convivência do mundo real precisa ser mantido, isto é, gentileza, educação, respeito às diferenças. E pode acrescentar boa redação e correção ortográfica, principalmente para as questões profissionais.

Assim, manter a congruência entre comentários e aparência nas redes é fundamental. Pouco adianta ter o perfil de experiências desatualizado, sem endereço para contato ou sem área ou região – desatualizada ou não, sua página continua sendo vista mundialmente. Há empresas que fazem buscas por palavras-chave no LinkedIn, portanto, quanto mais completo for seu perfil, mais fácil e visível para os recrutadores você estará.

Numa rede virtual, assim como no contato pessoal, a imagem é a primeira informação que você passa: não colocar foto, pensando assim se preservar, é equívoco grave. Use fotos, sempre. E prefira aquelas que enquadram o rosto ou o corpo da cintura para cima (chamado plano americano), com atitude positiva, com os braços descruzados e apresentando sorriso discreto. Evite exageros nas roupas e nos acessórios. As mulheres devem evitar vestidos decotados ou brilhantes e excesso de maquiagem. Os homens devem evitar trajes de gala, do tipo smoking, muito formal, mas podem usar blazer ou paletó, camisa social com ou sem gravata, numa atitude positiva. Lembre-se: é uma imagem profissional que você quer transmitir, que revele responsabilidade e serenidade. O propósito deve estar claro. Muita gente confunde e acaba se apresentando de maneira equivocada, podendo até, por inadequação, ser preterido numa primeira seleção.

A abrangência da rede é mundial, mesmo que você tenha foco de atuação local – sua cidade, estado ou país. Se tiver interesse em outras nacionalidades, é importante ter o perfil em inglês também.

Faça sua apresentação, no sumário, de maneira objetiva, valorizando os aspectos positivos e principais resultados, levando em consideração os mesmos alertas para a elaboração do currículo, ou seja, tomando o cuidado de não expor informações confidenciais de antigos empregadores ou do atual. Caso queira prospectar o mercado e ser convidado a participar de processos seletivos, sugiro não ser apenas observador. Procure participar ativamente de grupos do seu interesse, onde pode descobrir boas oportunidades de eventos, empregos, conhecer pessoas com interesses comuns e descobrir outras influentes nessas áreas. Seja um membro ativo, compartilhando textos e ideias que possam ser úteis para aquela comunidade nos fóruns.

É possível fazer um convite para a alguém que você não conheça, mas com quem tenha interesse em dialogar. Para isso, fuja do convite frio e padrão: crie a sua mensagem pessoal e informe qual é o seu objetivo com essa aproximação. Adicionar pessoas que encontrou ou a quem foi apresentado recentemente, com um breve texto sobre a sua impressão do encontro e se colocando à disposição, também é bem mais simpático do que o convite padrão do próprio site. Responda as mensagens recebidas, mesmo que rapidamente. É questão de educação e isso também se percebe nas relações virtuais.

Você pode seguir empresas nas quais deseja trabalhar e descobrir pessoas do seu relacionamento ou com quem já se relacionou no passado, e que poderão oferecer dicas sobre processos abertos e informações preciosas sobre a cultura da empresa. Poderá descobrir o nome de executivos que ocupam posições decisórias em sua área de atuação e até poderá fazer uma abordagem mais assertiva, dispondo-se a conversar. Se puder ser indicado por alguém conhecido, este caminho pode ser bem interessante também.

Relacionamentos virtuais podem parecer mais fáceis, mas quase nunca são eficazes como os relacionamentos pessoais. Leva-se tempo para construir relacionamentos, como comentei na questão do *networking*, e nas redes sociais não é diferente. Por isso, não se iluda com a aparente facilidade para encontrar pessoas. Muitos executivos e profissionais são bem rigorosos para aceitar pessoas em suas redes de relacionamentos e acredito que os critérios devam mesmo existir, assim como você não se relaciona com todo mundo que cruza sua frente na rua, certo?!

Procure também se comunicar objetivamente em suas mensagens virtuais. Não desperdice o tempo do outro. E cuidado com a utilização das letras maiúsculas, já que na internet isso equivale a gritar. Seja gentil, peça permissão para escrever uma mensagem, trate as pessoas com respeito e admiração. Esta atitude, no mundo virtual, é prontamente reconhecida e valorizada.

Além do LinkedIn, você pode seguir empresas pelo twitter. Apesar de, na minha percepção, a utilização desse canal ter diminuído, vale a pena entrar para acompanhar algumas empresas e pessoas do seu interesse.

A entrevista de trabalho

Depois de tantos esforços e dedicação para divulgar o currículo, o momento mais esperado e desejado é, sem dúvida, a entrevista de emprego. Um momento que gera expectativas até nas pessoas mais experientes. Ficar um pouco tenso faz parte do pacote. É sempre um momento meio estranho, porque é preciso parecer confortável e confiante numa situação em que nada disso está de fato acontecendo. Em minha opinião, a entrevista é, ainda, um dos mais importantes recursos para o sucesso de um processo seletivo. É possível descobrir muitas informações do candidato numa entrevista, principalmente quando ela é bem conduzida.

Como se preparar para essa ocasião?

Há algumas maneiras para minimizar esse desconforto, apesar de não existir uma receita que funcione bem para todos. A boa notícia é que, se alguém entrou em contato para conversar sobre um currículo que recebeu, isto quer dizer que, no mínimo, sua experiência já se destacou entre os demais e isso é positivo para você.

É importante saber que existem diferentes caminhos que o levarão ao seu futuro empregador. Pode acontecer pelas vias de uma consultoria, pelo RH da empresa contratante ou mesmo diretamente com o seu contratante, este último o caminho mais interessante, na minha percepção. Saber quem está chamando você para a entrevista é fundamental – e não se trata de apenas descobrir o nome da pessoa com quem irá conversar, mas o cargo que ela pessoa ocupa na organização. Isso ajuda a identificar o nível de decisão e influência que ela tem nesse processo.

Quando a entrevista é gerada por uma consultoria, atente para a descrição da vaga, pois ela pode oferecer dicas importantes sobre a necessidade do cliente. Não é raro que você só venha a saber qual é a empresa contratante apenas e tão somente se você for um dos candidatos selecionados para entrevista na empresa. As consultorias, em geral, preferem manter essa informação em sigilo por várias razões. Nem sempre a consultoria possui contrato de exclusividade com a empresa contratante e também não é raro que só recebam pelo serviço no momento da contratação do candidato. Assim, quando o candidato é apresentado pela consultoria, há mais chances de receberem o pagamento pelo serviço realizado. Pode acontecer de o candidato se apresentar diretamente para a empresa contratante, burlando a consultoria, e nesse caso a consultoria não costuma ser remunerada.

Mas, para você, o que importa é se sair bem, tanto na entrevista com a consultoria quanto na empresa contratante. Coisas importantes para você saber caso sua entrevista seja numa consultoria:

1. Geralmente, o convite para participar de uma entrevista é feito por telefone. Quando receber a ligação, tente entender bem qual é a vaga que a que a pessoa está se referindo e o nome da empresa. Se não for possível, procure descobrir pelo menos o segmento de atuação, o porte e a localização. Isso o ajudará a decidir se a vaga interessa. Caso não seja possível descobrir qual é a empresa, releia com atenção a descrição da vaga e entenda quais podem ter sido os pontos que destacaram o seu perfil frente à necessidade da posição.
2. Verifique o endereço do local da entrevista e não chegue atrasado. Pergunte quanto tempo, em média, costumam levar as entrevistas, para que você possa se organizar. Muitas vezes, os consultores aplicam baterias de testes antes da entrevista propriamente dita, e nem sempre comunicam ao candidato.
3. Não existe um modelo de entrevista que seja comum a todas as empresas. Entretanto, as grandes empresas e muitas consultorias já utilizam o modelo de entrevista comportamental, que é bem diferente das entrevistas "intuitivas" e sem preparo, que infelizmente continuam acontecendo.

O modelo de entrevista comportamental, com suas bases bem definidas, torna-se uma ferramenta que auxilia o entrevistador a direcionar melhor o enfoque sobre questões relevantes ao cargo ou às funções, bem como em relação às responsabilidades que serão exercidas pelo futuro contratado.

Essa técnica busca, essencialmente, verificar no repertório do candidato às situações vividas por ele, que sejam próximas ou similares às que ele provavelmente viverá na posição para a qual será contratado, evitando que crie cenários que nunca existiram ou formule hipóteses de solução para situações que nunca vivenciou.

Acredita-se que o candidato buscará aplicar soluções com base em experiências já vividas e soluções já apresentadas em situações semelhantes. Logo, se ele resolveu assim uma vez, tenderá a agir da mesma maneira em situações próximas a essas. Para você, que enfrentará esse modelo de entrevista, saiba que nessa metodologia, as perguntas são formuladas para serem a) abertas, específicas, com verbos de ação no passado, b) investigativas sobre a experiência do candidato, c) tem o objetivo de conhecer o comportamento do candidato em situações específicas do cargo e d) são planejadas para identificar a presença ou ausência de competências do candidato nas suas rotinas e atribuições.

Nesse modelo, o entrevistador evita perguntas hipotéticas, sugestivas, indutivas e alternativas, visando a obter o maior número de comportamentos, atitudes e experiências para exemplificar cada situação.

Alguns exemplos de perguntas para entrevista comportamental:

- Quais foram as técnicas que você utilizou com a sua equipe e que deram resultado positivo?
- Descreva uma situação, no seu emprego anterior, na qual você teve um problema com um de seus colegas e como lidou com ela.
- Relate uma situação em que você trabalhava em equipe e um dos membros não participava com a parte dele. Como você se sentiu e o que fez para resolver a questão?
- Descreva um colega difícil para trabalhar e como era o seu relacionamento com essa pessoa.
- Descreva o melhor chefe para o qual já trabalhou e o que fazia dele uma pessoa especial.

As perguntas abertas não são respondidas com sim ou não. Elas exigem do entrevistado um nível maior de elaboração, mais detalhes. Exige também que o entrevistado recorra a sua experiência para relembrar o cenário de cada uma das situações solicitadas e coerência. Dificilmente uma pessoa consegue criar rapidamente um cenário complexo de maneira tão coerente em curto espaço de tempo, sem um preparo anterior.

Uma vez entendido o modelo da entrevista comportamental, saiba que a segurança para responder e a fluência verbal são aspectos que favorecem positivamente o candidato. Demonstrar energia, disposição e interesse também causam boa impressão no entrevistado. Na hora da entrevista, valorize as suas melhores qualificações e ressalte resultados obtidos em empregos anteriores. Isso pode significar, para o entrevistador, que você é capaz de fazer o mesmo no novo cargo.

Tanto para a entrevista em consultoria quanto em empresa contratante, é importante fazer perguntas para explorar as dificuldades e problemas que a companhia possa estar enfrentando. Preste muita atenção ao seguinte aspecto: geralmente os problemas e as dificuldades não são muito diferentes de uma empresa para outra, principalmente quando se trata de empresas do mesmo segmento. Portanto, provavelmente não serão muito diferentes dos problemas e dificuldades que outras empresas onde você trabalhou tenham enfrentado. Saber identificá-los pode colocar você em vantagem. Isso exigirá boa capacidade de análise e de síntese para demonstrar que seus conhecimentos e suas experiências poderão ser úteis.

Uma vez que você entenda as necessidades da empresa, seja bastante objetivo na descrição de experiências semelhantes. Exponha os resultados obtidos e, caso não tenha a experiência necessária, demonstre vontade para aprender.

Interagir com o entrevistador é fundamental para que você possa descobrir o máximo de informações sobre a vaga e sobre as expectativas deles em relação à pessoa que ocupará a posição. Vale a pena descobrir também se há novos projetos e quais são. A entrevista é uma via de mão dupla e não um interrogatório. Você deve ser agente ativo na situação, porque essa atitude demonstra iniciativa e interesse. Demonstre segurança nas respostas e vontade de contribuir com os negócios da empresa.

Quanto à questão salarial, é um aspecto importante e delicado do processo seletivo. Nem sempre acontece na primeira entrevista em empresa contratante. Mas, se surgir, não seja você o primeiro a levantar a questão. É um tema que fatalmente será abordado numa primeira entrevista de consultoria porque os consultores precisam checar se a expectativa salarial do candidato está dentro da faixa estipulada pelo cliente. Lembre-se que, na primeira entrevista, esse será apenas mais um ponto para avaliar se você está dentro da faixa pretendida pela empresa. Quando o processo avança, há outros elementos da remuneração que precisam ser discutidos – benefícios, opções de ações, bônus. Há sempre vários fatores a serem analisados para avaliar se uma proposta é interessante.

De maneira geral, sugiro que você, caso esteja trabalhando, utilize como referência seu salário atual. Dificilmente alguém vai deixar o emprego atual para ganhar menos (apesar de ser possível e até de ocorrer), mas é interessante deixar para a empresa a responsabilidade de fazer uma proposta. Aí caberá a você avaliar e fazer uma contraproposta. Se não estiver trabalhando, use como referência seu último salário. Se, mesmo com essa resposta o entrevistador não ficar satisfeito, sugiro que você apresente um valor dentro de uma faixa que esteja de acordo com a posição que você está buscando. E, atenção: uma faixa vai entre X e Y. Tem muita gente que diz na entrevista que é flexível quanto ao salário e que está disposto a avaliar a oportunidade numa faixa de X, mas isso não é uma faixa – é um número, um valor determinado.

Há pesquisas salariais disponíveis na internet e é muito importante que você pesquise a média de salário para a posição em questão, para não apresentar alguma oferta discrepante com o que o mercado está oferecendo.

Ao término desse encontro, você deve ter entendido o mais completamente possível as necessidades da vaga e o que a empresa espera da pessoa que irá desempenhar a função.

Saia da entrevista tendo respostas para as perguntas que vão ajudá-lo a decidir se é uma posição que lhe interessa. Verifique, além do cargo, se as funções que vai desempenhar estão de acordo com seus objetivos, projetos e valores. Lembre-se do que apresentei em relação ao autoconhecimento, pois é nesse momento que você realmente tem a oportunidade, se escolhido, de escolher uma experiência que seja significativa profissionalmente. Analise de que maneira seus conhecimentos e o seu perfil pessoal se encaixam na função e na empresa. Reflita se é o tipo de empresa que lhe interessa e por qual razão. Pense: ela desenvolve produtos ou serviços nos quais você acredita? Quais são os valores e princípios que regem essa organização? Estão alinhados com seus próprios valores e princípios? É só pelo salário? A função que vai assumir constitui desafio profissional e pessoal? Você terá que abrir mão de alguma coisa para assumir essa atividade? Vale a pena? A empresa investe nos seus colaboradores?

Tente analisar sua carreira objetivamente. Suas qualificações, seus conhecimentos técnicos, suas atitudes e os resultados fazem sentido para essa empresa? Constituem um diferencial?

São perguntas que o ajudarão a tomar as rédeas de sua carreira e colocá-lo na posição de efetivamente escolher os rumos que deseja seguir. Cuidado para não se deixar levar por estereótipos e informações midiáticas sobre empresas e negócios. Investigue a empresa, converse com pessoas que trabalharam lá. Há um site chamado Lovemondays no qual você pode acessar avaliações anônimas e espontâneas de funcionários de várias empresas, contando suas impressões, o que gostam e o que não gostam na empresa onde trabalham. É mais uma fonte que pode ajudar a analisar se vale a pena ou não optar por determinada organização. Com isso, é possível entender melhor a cultura da empresa e até as oportunidades de carreira.

Plano de ação para montar negócio próprio – empreender

Uma das primeiras orientações que dou àqueles que desejam empreender é passar pelo programa Empretec[17]. Trata-se de um programa voltado para o desenvolvimento e a capacitação empresarial, executado exclusivamente pelo Sebrae, em parceria com o Programa das Nações Unidas para o Desenvolvimento (PNUD) e a Agência Brasileira de Cooperação do Ministério das Relações Exteriores (ABC/MRE). A metodologia do curso é altamente interativa e experimental e inclui palestras, exposições em vídeo, dinâmicas individuais e em grupo.

A metodologia dinâmica e diferenciada do curso é um estímulo adicional para os empreendedores participantes, que são levados a conhecerem e a aprimorarem suas características empreendedoras como parte da estratégia para a condução dos seus negócios de maneira competitiva. Os empreendedores passam a identificar oportunidades empresariais e a entenderem seu próprio comportamento em situações do cotidiano da empresa. Aprendem a fazer avaliações sistemáticas do planejamento da empresa, fundamentais para definir metas e objetivos. A motivação e mobilização dos colaboradores rumo aos objetivos desejados é outro aspecto abordado e trabalhado com cada um dos participantes. Atualmente, a carga horária desse programa é de 60 horas.

O mais interessante desse programa é que são abordadas características do perfil do empreendedor, e não do empreendimento em si. Vale a pena conhecer todos os programas que o Sebrae coloca à disposição do micro e pequeno empreendedor.

Após a participação no programa, é importante avaliar os pontos do perfil empreendedor em que se destaca e quais as principais fragilidades, para que sejam desenvolvidos ou equacionados da melhor maneira possível. A partir daí, contrariamente ao que a maioria dos clientes deseja fazer, que é procurar um ponto comercial ou abrir um *e-commerce*, é fazer um plano de negócio.

O que é plano de negócios?

O plano de negócios é um documento formal que contém informações sobre o conceito do empreendimento, os riscos, os concorrentes, o perfil da clientela, as estratégias de marketing, bem como todo o planejamento financeiro que viabilizará o novo negócio. É um ótimo instrumento de apresentação do negócio, para o empreendedor que procura sócio ou investidor.

É preciso pensar muito bem e formatar o modelo de negócio e todas as implicações que um empreendimento demanda. O Sebrae também oferece consultoria para quem deseja montar negócio próprio e disponibiliza uma biblioteca excelente para ajudar a montar quase todos os tipos de negócios.

Está disponível no site, também, um software para ajudar aos que não sabem por onde começar a estruturar um plano de negócios.
http://migre.me/kcxeZ

Com a elaboração do plano de negócios, é possível ter a definição bem clara dos próximos passos necessários para abertura do negócio. A partir daí, é importante estabelecer o cronograma das ações que precisarão ser executadas.

Antes de avançar para a abertura do negócio propriamente dita, recomendo avaliar o quanto de conhecimento você tem sobre a área. Considero fundamental que você vivencie, pelo menos um pouco, essa experiência. Supere o entusiasmo inicial e encare a situação como um desafio importante. Pense nisso: nem sempre funciona da primeira vez.

Compartilho com você a situação vivida por uma cliente. Quando me procurou, estava com 32 anos, atuava na área de marketing de uma empresa de médio porte, no segmento de serviços, mas muito insatisfeita. Começamos o trabalho. Na fase do levantamento de hipóteses, uma das alternativas que surgiram foi montar negócio próprio na área de alimentos.

Como gostava de fazer *cockies* e os fazia bem, sugeri que experimentasse, por algum tempo, levar em paralelo a atividade atual, que queria abandonar para fazer e vender as guloseimas. Estava muito empolgada. Traçamos um pequeno plano de ação para que pudesse vivenciar minimamente a experiência como um tubo de ensaio. Também sugeri que fizesse o programa do Empretec do Sebrae. Em nosso primeiro encontro, após um mês de experiência, chegou energizada, feliz, encantada com a possibilidade de largar tudo e se dedicar a empreender na área da gastronomia. Achava ter encontrado, finalmente, algo que lhe dava prazer profissionalmente. Já se via uma empresária. Traçava planos de marketing para o negócio, os biscoitos estavam vendendo bem, seus finais de semana eram totalmente dedicados a produzir as encomendas geradas na semana.

Nesse momento eu disse a ela: *"Que ótimo! Estamos indo bem, então?! Mas não deixe seu emprego ainda. É preciso que essa atividade lhe renda bem, financeiramente, para que a transição seja segura. Continue com sua experiência e paralelamente monte o plano de negócio e invista em conhecer melhor o mercado de doces. Converse com pessoas da área."*.

Ela não ficou muito feliz com minhas palavras. Penso que ela preferiria que eu tivesse a incentivado a largar tudo para se dedicar aos prazeres da nova atividade.

Passados dois meses, tempo estipulado para o retorno, quando analisaríamos as evoluções do plano de ação e a consistência de suas experiências, chegou menos animada e começou o relato dizendo isto: *"Não aguento mais o cheiro de cockies na minha casa. Tudo cheira cockie, minhas roupas, meu cabelo. As encomendas diminuíram e eu engordei. Acho que não é isso!"*

Nem sempre as hipóteses, quando testadas na realidade, se mostram tão atraentes e sedutoras quanto na fantasia. O desejo de mudar de profissão e transformar *hobbies* em profissão nem sempre funcionam bem. Por essa razão é preciso experimentar, e isso leva tempo. O mesmo vale para estrutura dos negócios. Às vezes é preciso passar algum tempo na atividade atual (com os pés nos dois barcos, lembram-se?) até que se tenha uma boa base para a mudança.

Relato a seguir o caso de outra cliente, Ana Carolina Itzaina. Ela ainda está trabalhando no seu processo de consolidação do negócio próprio. O relato é dela mesma.

Conheci o trabalho da Adriana em 2009, num momento muito particular da minha vida. Pessoalmente eu estava muito feliz, sentia-me muito realizada, havia me casado há pouco, a casa estava ainda nova, tínhamos planos de ter filhos. Entretanto, profissionalmente eu tinha total certeza de que a forma como eu estava desempenhando minha atividade estava errada para mim.

Essa afirmação era um sentimento muito íntimo e de certa forma solitário, pois aos olhos dos meus colegas de trabalho e superiores, assim como dos meus parentes e amigos, o desenvolvimento da minha carreira estava indo muito bem.

Formada em engenharia de produção mecânica por uma das melhores escolas do país, com um MBA Executivo com extensão no Canadá, trabalhei no Brasil por quase dez anos junto a um importante grupo de consultores de gestão e tive a oportunidade de conhecer e atuar de perto com diretores, presidentes e conselheiros de empresas como a rede de hotéis Blue Tree, Solvay Indupa e Grupo Totvs. Fiz uma mudança consciente e determinada da área de gestão de projetos para a área comercial e também mudei de uma empresa de serviços de consultoria para uma grande multinacional, líder no setor de tecnologia da informação. Em 2009, estava atuando como gerente de negócios e acabara de ser indicada para mudar de área e me juntar à equipe que gerenciava as maiores contas da empresa. Ganhei prêmios pelo desempenho na minha função e viagens por alcançar as metas estipuladas pela companhia. Nos dois anos seguintes, no retorno da minha licença maternidade, eu continuaria crescendo na área comercial e seria indicada para assumir a gestão de uma das maiores contas da empresa. Uma grande responsabilidade, que demonstrava também a confiança dos meus superiores no meu trabalho e um reconhecimento sobre minha forma de atuar.

Como explicar a alguém, até mesmo ao meu marido e aos meus pais, minha inquietação e angústia por sentir que estava fazendo uma atividade que não tinha sentido pra mim? Dependendo do ponto de vista, um relato desses poderia parecer até ingratidão para com as inúmeras oportunidades e felicidades que a vida me proporcionara.

Foi então que, a partir de algumas pesquisas na internet e alguns cafés em livrarias da cidade, encontrei e li o livro da Adriana Gomes "Mudança de Carreira" e, enfim, pude conhecer alguns relatos de pessoas que tinham conseguido entender as origens de suas angústias profissionais e alcançado uma mudança radical em suas vidas e carreiras.

Fiquei muito surpresa ao telefonar e ser atendida pela própria Adriana. Sentia-me já tão próxima à causa que ela defende e desenvolve que me considerei muito acolhida. Marcamos a primeira sessão e demos início ao meu processo.

Sou uma pessoa acelerada, quando me empolgo com uma ideia ou um projeto, dificilmente perco o foco ou deixo pela metade. E este projeto parecia a luz no fim do túnel. Alguém que podia compreender meu processo interno e me auxiliar a fazer algo a respeito.

Lembro-me muito bem de uma dica que recebi da Adriana no primeiro encontro. Começar a fazer algo a respeito da insatisfação já ajuda muito a melhorar o sentimento de angústia. E devo dizer que, no meu caso, valeu. Só de saber que eu estava fazendo algo, mesmo que ainda fosse estudar e entender o que estava acontecendo, me ajudou a trazer calma e serenidade.

Escrever a autobiografia trouxe à tona alguns aspectos curiosos. Eu nunca havia escrito sobre uma época tão remota da minha vida. Nunca haviam me pedido para eu escrever sobre as minhas primeiras percepções do mundo, quem eu era antes de receber as inúmeras influências ao longo do caminho, quais coisas me davam prazer, como eu me comportava diante das experiências. Para mim, foi uma maneira de resgatar meu verdadeiro jeito de ser, uma permissão para contar as coisas que eu realmente gostaria de ter feito antes de saber como esperavam que eu fizesse. E refiro-me às expectativas colocadas pelas pessoas em geral, não apenas meus pais, pois estes me deram sempre muito apoio e liberdade de escolha (apesar de também demonstrarem os caminhos que em seus conceitos seriam melhores). Mas, uma criança ou um jovem aprende rapidamente a identificar quais escolhas são bem aceitas e incentivadas e quais recebem pouca ou nenhuma atenção. Ao reler minha autobiografia em voz alta, com o apoio da Adriana, ficaram claras para mim algumas escolhas que eu mesma fiz ao longo da vida, porém que não eram genuinamente minhas primeiras opções, mas aquelas que eu percebia que recebiam mais apoio.

Com essa nova visão, ao completar os testes e o restante das atividades para aumentar meu autoconhecimento, ficaram evidentes alguns aspectos que eu deveria buscar na minha carreira e também no meu estilo de vida e que seriam fundamentais para eu me sentir mais à vontade, mais completa.

Alguns desses aspectos que considero importante mencionar são: dedicação a uma causa, importância para o estilo de vida (ter disponibilidade para me dedicar a família), trabalhar com pessoas, em equipe, usar da disciplina pessoal.

Aqui quero fazer um parêntese para relatar uma descoberta libertadora para mim. Eu estava muito preocupada com o fato de encontrar uma atividade que pudesse ser financeiramente rentável e que pudesse aproximar-se da remuneração que eu já havia alcançado até então na minha carreira. Entretanto, diversas habilidades e interesses identificados nos meus testes e no autoconhecimento me direcionavam para atividades que no Brasil não são tão bem remuneradas. Foi então que, numa das conversas com Adriana, ficou claro para mim que, adequando a forma de trabalho (tempos, horários, flexibilidade etc.), eu poderia ajustar meu estilo de vida para incluir algumas atividades que me trariam muita satisfação e que, não necessariamente precisariam ser remuneradas. Ressalto este ponto, pois, a partir daí, fiquei mais livre para montar um plano de ação focado em buscar uma atividade mais ajustada ao meu perfil, que me remunerasse adequadamente, porém que não precisasse ser absolutamente completa. A única questão primordial era que me possibilitasse flexibilidade de incluir outras atividades no meu dia a dia que também são importantes e me fazem sentir mais realizada.

O plano de ação foi, na realidade, um complemento de outras etapas que eu já havia cumprido anteriormente, sem saber que já estava experimentando. Antes de iniciar o trabalho com

Adriana, eu já havia sentido a necessidade de mudar de área nas empresas nas quais trabalhei. Queria ter uma visão sistêmica de como as diversas áreas relacionam-se, como interagem e qual é o conjunto de resultados necessários para que a empresa como um todo seja produtiva e rentável. Busquei capacitação e educação formal em diversas áreas, desde processos até finanças. O período de trabalho no grupo de consultores supriu muito da minha curiosidade sobre como o todo funciona ou deve funcionar. Faltava aprender a vender, prospectar clientes e entregar produtos físicos. E, novamente, senti necessidade de mudar de empresa e buscar esses conhecimentos.

Estava ficando aparente no processo que eu poderia tentar mudar de carreira através da construção de um negócio próprio.

Em 2009, meu plano de ação incluiu buscar outra formação, uma que eu havia considerado antes de escolher o curso de engenharia. Ingressei na faculdade de arquitetura à noite, após o trabalho, e cursei um ano e meio, até alguns meses antes de meu filho nascer. Foi um período muito interessante. Pude experimentar contato com um mercado diferente, tive acesso aos professores que também são profissionais da área, participei de palestras e acompanhei colegas que já estavam ingressando no mercado de trabalho. Encantei-me com alguns aspectos como a história da arte, o urbanismo e a representação das maquetes. Por outro lado, não consegui me ver trabalhando nesse novo mundo. Nessa altura, porém, não foi uma decepção. Sinto que, para minha busca profissional, foi muito importante ter essa experiência.

Em 2010 fui abordada por uma amiga com uma oportunidade de representação comercial no estado de São Paulo de alguns produtos do Rio de Janeiro. Tratava-se de produtos de design com muito estilo e enorme potencial de vendas na nossa visão. Trouxe, para o plano de ação, experimentar uma atividade neste ramo. Iniciamos os trabalhos de prospecção, agora numa atividade muito mais parecida com meu trabalho principal: vendas. Senti-me muito mais confiante, mais segura sobre quais ações eram necessárias, como proceder. Chegamos a realizar uma feira de vendas com os produtos e a contratar uma funcionária para nos auxiliar com as vendas, pedidos, entregas e demais assuntos administrativos. Gos-

tei bastante de trabalhar nesta frente. Foi uma atividade que era mais fácil realizar e eu via potencial de crescimento. Entretanto, também alguns meses antes de meu filho nascer, minha amiga e eu decidimos não levar adiante a parceria com a empresa do Rio de Janeiro. Os motivos tiveram a ver com os momentos pessoais que ambas estavam vivenciando. Não tínhamos reservas financeiras para nos dedicar exclusivamente, deixar nossos empregos e, naquele momento, não tínhamos como utilizar o tempo extra para alavancar o negócio até que fosse possível. Resolvemos parar por ali. Mas a experiência de representação comercial no meu caso foi muito positiva.

No final de 2010 meu filho nasceu e, a partir desse momento, fui apresentada a um novo mundo. A maternidade me trouxe, além de uma realização pessoal imensurável, uma exposição a uma infinidade de novos produtos e serviços que as famílias precisam e consomem quando tem um bebê. Comecei a conhecer marcas e produtos que, até então, não faziam parte da minha vida.

Um desses produtos foi um jumper de uma marca canadense, que nos foi recomendado por um fisioterapeuta que acompanhou meu filho nos primeiros meses de vida. Trouxe o jumper de uma viagem ao Canadá e começamos a usá-lo em casa. Amigos começaram a perguntar onde poderiam conseguir um, pois era diferente de qualquer outro disponível no Brasil. Foi então que, ainda durante minha licença maternidade, fiz um breve estudo do mercado e percebi que havia uma oportunidade para produtos diferenciados para bebês que não estavam acessíveis no Brasil. Resolvi tentar contato com a marca canadense e me apresentei como interessada em representá-los aqui. Desde o primeiro contato até que eu conseguisse de fato falar com o presidente e este aceitasse minha proposta de representá-los, passou-se quase um ano. Foram numerosas mensagens, telefonemas, envio de informações a meu respeito, meu currículo, minha visão de como poderíamos trabalhar, estudos de mercado. Mas, num desses telefonemas eu finalmente ouvi o que queria: que eles me dariam exclusividade se eu fizesse o trabalho de representação e divulgação da marca no Brasil.

Revisamos, mais uma vez, Adriana e eu meu plano de ação. Agora a oportunidade reunia mais do que uma das características que eu havia descoberto serem fundamentais para mim. Em primeiro lugar a causa: eu havia encontrado um produto que possui um uso muito importante para bebês que necessitam um estímulo ao desenvolvimento dos membros inferiores, da coordenação motora e equilíbrio. Os demais produtos da marca são acessórios que também seguem o conceito de serem muito úteis às famílias que desejam integrar os bebês nas atividades cotidianas. Além disso, era uma oportunidade de realizar um trabalho da minha maneira, seguindo minha necessidade de flexibilidade. Seria um trabalho que certamente me exigiria um time de pessoas, ou seja, não seria um trabalho solitário. O tipo de atividade aproximava-se do tipo de atividade que eu já vinha exercendo: vendas. Eu já havia testado o modelo de representação comercial e havia me sentido mais confortável.

Na teoria, esta era a oportunidade com maior potencial de dar certo até aquele momento. Comecei a mergulhar nos detalhes da execução. Precisei acionar e abrir meu network, pois precisava conhecer pessoas que pudessem me contar sobre esta atividade de representação de marcas estrangeiras. Também precisaria validar meu estudo de mercado e verificar se realmente haveria interesse de lojistas em comprar os produtos da marca. Através da minha rede de relacionamento, consegui agendar reuniões importantes com pessoas experientes no mercado da puericultura no Brasil e que me ensinaram coisas muito importantes sobre como trabalham as importadoras e distribuidoras. Uma das descobertas foi o risco de não deter a operação da importação. Precisei começar a pensar em abrir uma empresa de importação e distribuição para garantir que a principal vantagem competitiva do negócio seria preservada: o relacionamento com a marca e o contrato de exclusividade.

Os meses seguintes foram de intensa exploração e pesquisa. Precisei me informar sobre: requisitos para abrir uma empresa, como solicitar permissão para importar, documentos e burocracia envolvidos, estudos de preços, custos e quantidades ótimas de importação, quais as maneiras, regulamentações necessárias, só para citar alguns dos assuntos. Ao mesmo tempo, eu precisava continuar passando para a empresa estrangeira a segurança de *que eu mantinha o interesse e que sabia o que precisava ser feito. Com eles precisei trabalhar na escolha do portfólio de produtos para trazer, quantidades, adequação de embalagens, compra de códigos de barras nacionais... Houve muitos momentos em que eu fiquei muito preocupada, se seria capaz de aprender tudo o que seria necessário. A cada atividade que eu pensava ser a última do processo, eu ficava sabendo que faltava algo mais. Insegurança e medo me acompanharam diversas vezes, sempre que algum assunto novo surgia sem que alguém tivesse me alertado. Quando se resolve empreender, uma das características principais é que ninguém vai ensinar o que fazer, do que você precisa correr atrás. Descobrir os próximos passos depende somente de você fazer a pergunta, de ser curioso, de investigar. E errar, algumas vezes. Da próxima vez, tudo fica muito mais fácil.*

Os anos de 2011 e 2012 foram de pesquisa, preparação e tomada de decisões. Eu mantive minha atividade profissional na empresa durante todo o tempo e até o presente momento. Ao longo dos anos, fui tentando me preparar também financeiramente para o momento em que eu teria que tirar o pé de um dos barcos para seguir em frente. Eu sabia que precisaria de certa reserva para poder fazer a transição de atividades.

A Oasis Importadora (www.oasisimportadora.com.br) foi aberta em 2012 e, em 2013, recebemos as primeiras importações. Foi o ano de fazer coisas pela primeira vez: primeiras visitas e vendas para lojistas, primeira feira para divulgação, website, *facebook, catálogos, cadastros de produtos, de clientes, mailings. Também toda a parte administrativa: balanços, relatórios gerenciais etc. Por eu ainda manter minha atividade principal durante os dias úteis, todo o trabalho precisou ser feito à noite, nos finais de semana e períodos de férias. Tive também muita ajuda de pessoas próximas e da minha família.*

Aliás, devo salientar que fiquei surpresa com a quantidade de pessoas que fui conhecendo no novo mercado e que estiveram dispostas a me ajudar sem cobrar nada em troca, pelo simples fato de terem sido também muito ajudadas quando começaram seus negócios. Não sei dizer se é característica do mercado de produtos para bebês e crianças, mas tem muita gente disposta a ajudar.

O importante é saber em que áreas precisamos de auxílio e saber contar com as pessoas.

O saldo do ano de 2013 foi muito positivo do ponto de vista da empresa. As marcas representadas (já incluímos outra) foram muito bem aceitas pelos primeiros clientes, tanto finais quanto lojistas. A partir do contato com os lojistas, percebi que seria importante expandir o portfólio de produtos. Conheci outros canais de vendas importantes do setor e, em 2014, já fizemos o lançamento dos novos produtos numa feira voltada exclusivamente para lojistas e representantes comerciais.

Considero que somente neste ano (2014) é que o meu plano de ação está sendo efetivamente colocado em prática. Estou num momento importante de decisão a respeito de passar os dois pés para o mesmo barco. Esta decisão não é fácil e, novamente, é uma decisão solitária, cheia de incertezas. Mas, aos poucos, as coisas vão se encaixando: aquela intuição inicial de que esta nova maneira de trabalhar seria mais prazerosa e me daria uma flexibilidade maior está se comprovando. O trabalho não está leve nem fácil e a empresa ainda não está madura o suficiente para que eu possa pensar em tirar minha remuneração dela. Entretanto, continuo sentindo que, profissionalmente, estou no caminho certo. Esta nova perspectiva tem me deixado mais feliz, com o sentimento de que logo poderei trabalhar de uma forma que me permita ter mais disponibilidade para cuidar de minha família e dar vazão a outros interesses pessoais.

Fica claro, pelo relato da Ana Carolina, que empreender não é uma tarefa tão simples nem tão fácil. Requer determinação, persistência, capacidade de lidar com as adversidades, além de reserva e planejamento financeiro. A consolidação de um projeto de mudança de carreira, seja para mudar de área ou para empreender em um negócio próprio, exige investimento de tempo e dinheiro. Pensando nesse último aspecto é que entraremos no tema mais profundamente.

A carreira na senioridade – Supersênior®

O fato que não pode ser negado e sobre o qual venho tratando em alguns dos meus textos há anos é a realidade da longevidade. A humanidade está vivendo mais. De acordo com as Nações Unidas e com a OMS – Organização Mundial da Saúde –, a população com mais de 60 anos passará dos 800 milhões atuais para mais de 2 milhões em 2050.

A pesquisa *Envelhecimento da Força de Trabalho no Brasil, elaborada por FGV/EASP/ PWC (2013)*, aponta que o Brasil está se tornando um país mais velho. O estudo apresenta que a queda na taxa de crescimento populacional identificada nas últimas décadas vem causando redução relativa no número de crianças e jovens, e o consequente crescimento da proporção de adultos e idosos no país.

Essa tendência se reflete também no envelhecimento da força de trabalho. Entre 2004 e 2009, houve aumento gradativo do número de postos ocupados por pessoas com mais de 40 anos, segundo o Anuário dos Trabalhadores, do Departamento Intersindical de Estatística e Estudos Econômicos – DIEESE, passando de 39% para 42%. O estudo tendências demográficas, do Instituto de Pesquisa Econômica e Aplicada – IPEA, estima que, em 2040, cerca de 60% da população brasileira em idade ativa será composta por pessoas com mais de 45 anos.

O que mais tenho notado, entretanto, é que nos últimos anos mais pessoas acima de 55 anos, algumas aposentadas, outras em fase de aposentadoria, têm buscado comigo o trabalho de orientação de carreira para que possam identificar seus interesses, ressignificar a vida e continuar trabalhando.

Todos, que me procuraram, sem exceção, em excelentes condições físicas, mentais, com disposição e vitalidade muitas das vezes maior do que alguns jovens e desejando orientação para se manter ativos no mercado de trabalho. A senioridade confere a essas pessoas a segurança, confiança e autoestima que, muitas vezes, faltam aos jovens. Já passaram por muitas experiências e continuar sua vida produtiva, podendo colaborar, contribuir e se sentir útil à sociedade e às pessoas é o sentimento predominante.

Demostram muita vontade de viver e de permanecerem ativos profissionalmente. O trabalho, além de ser fonte de renda, é também condição de inserção social e aprendizado constante, como já mencionei.

Minha ex-cliente Juliana Acquarone Rocha, depois de um trabalho bem-sucedido de mudança de carreira, abriu recentemente sua própria empresa de pesquisa de mercado focada no público mais velho, a **Mercado Sênior** http://www.mercadosenior.com.br/.

A Juliana, através do seu belíssimo trabalho de pesquisa, vem me ajudando a compreender melhor esse mercado, as mudanças e desdobramentos desse tema que afetará grande parte da população global. Ela nos brinda com referências históricas sobre o mundo do trabalho, alguns aspectos sociais e biológicos sobre o envelhecimento, bem como sobre a relação profissional e futuro dos seniores nas organizações, nas reflexões a seguir.

Diversidade no ambiente corporativo

No mundo pós-globalizado do final do século XX, em que a hegemonia das companhias de capital estrangeiro, prioritariamente dos países desenvolvidos, se estabeleceu no resto do mundo, o ambiente corporativo acabou sofrendo uma espécie de padronização. Nos cargos executivos, era comum a predominância de profissionais enviados pelo país-sede: europeus, japoneses, norte-americanos.

Aos profissionais que formavam as equipes de operação, cabia adotar modelos de gestão e desenvolvimento de talentos que eram traduzidos para o idioma local mas raramente levavam em consideração os aspectos culturais. O "jeito certo" de fazer as coisas era ensinado em extensivos treinamentos e "workshops de gestão", e assim a cultura da matriz se impunha às filiais ao redor do mundo, alinhando as equipes locais à filosofia global das empresas.

Desde a crise dos chamados tigres asiáticos em 1997, porém, o mundo corporativo enfrentou uma dura realidade, contrapondo a euforia gerada nos anos anteriores pela expansão acelerada dos territórios de atuação: as grandes corporações globais não veriam mais os índices de crescimento experimentados naquelas décadas e uma nova ordem impunha-se aos modelos de gestão. Seria preciso enxugar os custos de operação nas filiais, devolver às matrizes os executivos que ocupavam os cargos de direção e livrar-se dos altos custos dos pacotes de expatriação.

As áreas de treinamento e desenvolvimento dos departamentos de recursos humanos viram seu orçamento perder alguns zeros e a gestão das filiais das grandes multinacionais precisava, agora, ser ocupada por executivos locais.

Sem orçamento para as constantes viagens internacionais e treinamentos globais que garantiam o "aculturamento" das equipes, as empresas começaram a lidar com um novo aspecto na implementação de seus modelos de gestão: a diferença no repertório cultural, e modos de socialização e relacionamento de seus funcionários.

Desde esse conturbado momento na virada do século, muitas outras transformações impactaram o atual contexto em que os modelos de gestão de pessoas nas empresas estão inseridos. O tema da diversidade ganhou visibilidade em distintos setores da organização social; os direitos de representação dos grupos minoritários vêm sendo amplamente reivindicados e grandes conquistas foram feitas. A maior economia do planeta teve seu primeiro presidente negro eleito e reeleito. Algumas empresas entre as gigantes globais, como PepsiCo, Hewlett-Packard, General Motors e Yahoo, são presididas por mulheres. Sheryl Sandberg, COO do Facebook, empreendeu uma iniciativa de grandes proporções ao lançar o livro e fundar a ONG Lean In, que ultrapassa as fronteiras do mundo corporativo e oferece suporte ao desenvolvimento profissional de mulheres em todo o mundo.

Embora, de forma geral, o perfil dos executivos no ambiente corporativo continue muito pouco diverso, muitas empresas multinacionais adotaram o tema da diversidade como prioridade estratégica, implementando políticas de recrutamento direcionadas e divulgando estatísticas constantes sobre a presença de grupos minoritários em seus múltiplos níveis hierárquicos.

Concentração etária nas empresas brasileiras

As políticas de diversidade nas empresas, porém, excluem um recorte fundamental na constituição de um ambiente organizacional realmente diverso: as faixas etárias. Exatamente por não fazerem parte das estatísticas de diversidade comumente divulgadas, os dados acerca da composição etária dos funcionários são escassos.

Em um censo realizado entre as 500 maiores empresas do Brasil pelo Instituto Ethos, divulgado em 2016, fica evidente a predominância de funcionários na faixa dos 25 aos 45 anos em praticamente todos os níveis hierárquicos considerados: no nível funcional, 65,1% dos empregados estão nesta faixa etária; no nível de supervisão, 68,8; e no nível gerencial, 75,5%.

Nos níveis executivo e conselho administrativo, a composição do quadro funcional concentra-se na faixa dos 46 aos 55 anos: 41% do quadro executivo é composto por funcionários dessa faixa etária, que nos conselhos administrativos ocupa 38% dos cargos.

É assustadora, entretanto, a acentuada queda na participação de funcionários acima de 55 anos em todos os níveis hierárquicos, inclusive executivo e conselho administrativo: no geral, apenas 5,9% de todo o quadro funcional das empresas pesquisadas têm 56 anos ou mais. No nível executivo, esta faixa representa apenas 9% (comparados aos 41% entre 46 e 55 anos); nos conselhos administrativos, a participação cai de 38% entre 46 e 55 para 29% acima de 56 anos. A grande maioria das empresas afirmou, ainda, não possuir qualquer política de incentivo à contratação ou de promoção de igualdade de oportunidades para funcionários acima de 45 anos em seus quadros de pessoal.

Apesar da baixa participação relativa de funcionários nessa faixa etária, mesmo nos níveis hierárquicos mais altos das organizações, chama atenção entre os dados divulgados nessa pesquisa que 29% dos gestores, em nível executivo, considera que a proporção de pessoas acima de 45 anos no quadro funcional da empresa está acima do que deveria.

Cinquenta e cinco; e agora?

Parece mesmo que o aniversário de 55 anos é fatal para a carreira no mundo corporativo.

Senso comum no ambiente das empresas, a ideia de que os funcionários mais experientes custam caro para a organização e por isso são substituídos por mais jovens esconde outro fator determinante no perfil etário dos quadros de pessoal: o preconceito contra pessoas mais velhas, chamado idadismo.

Apesar de pouco conhecido, o termo foi cunhado pela primeira vez em 1969 por Robert Butler, então diretor do National Institute of Aging dos Estados Unidos. Mais recentemente, em

1995, Butler definiu o idadismo como "processo sistemático de estereotipagem e discriminação contra as pessoas mais velhas".

Assim como ocorre com o racismo e o sexismo, é difícil admitirmos atitudes preconceituosas nos contextos de que fazemos parte mas, uma aproximação aos estereótipos comuns contra os mais velhos talvez nos traga percepção mais realista de quão presente o idadismo está no ambiente das empresas. Estudos na área de sociologia do trabalho apontam que os funcionários mais velhos são comumente percebidos como mais resistentes a mudanças, com maior dificuldade para desenvolver novas habilidades técnicas e relutantes à adoção de novas tecnologias.

Além de promoverem a discriminação contra os mais velhos, muitas vezes esses estereótipos são internalizados de tal forma que os próprios idosos acabam discriminando a si mesmos e abrindo mão de participar de programas de treinamento ou candidatar-se a novos cargos e promoções.

Para o sociólogo Erdman Palmore, especialista no tema, é justamente no ambiente de trabalho que se dão as mais óbvias e sérias formas de discriminação contra os mais velhos, desde os processos de contratação e promoção até os programas de aposentadoria compulsória.

O acelerado envelhecimento da população, porém, traz à tona a necessidade de se desafiar tais estereótipos e estabelecer novas práticas em relação à participação dos mais velhos no mercado de trabalho. No Brasil, em um período de apenas 20 anos, os indivíduos considerados idosos estão passando de 7% para 14% do total da população. Em países desenvolvidos como Estados Unidos e Canadá, esta mesma transformação ocorreu ao longo de 70 anos. A expectativa de vida no Brasil passou de 43 anos em 1950 para 75 anos em 2015. A velocidade inédita com que o Brasil e outros países em desenvolvimento estão experimentando a virada da pirâmide populacional impõe mudanças significativas em um curto espaço de tempo. Não se trata de um processo de transformação gradual, mas sim de uma verdadeira revolução! Entre 2016 e 2020, a população brasileira acima dos 55 anos ganhará 6 milhões de indivíduos, quase 2 vezes mais que a faixa etária de 25 a 54 anos.

Muito além da demografia

Os dados da composição populacional por idade evidenciam mudança acelerada e de grandes proporções, que se reflete nos mais diversos aspectos da sociedade. Do ponto de vista da cultura e modos de viver, forma-se uma nova etapa da vida, a chamada terceira idade.

Longe de estar associado, exclusivamente, à questão cronológica, o conceito de terceira idade envolve aspectos mais amplos, tais como estilos de vida, atividades, modos de sociabilização e práticas de consumo. Os indivíduos mais velhos, já livres das obrigações com a criação dos filhos e sustento da família, gozam de novo campo de possibilidades, antes negado pelas convenções sociais. Se imaginamos nossas avós decidindo viajar sozinhas com as amigas aos 60 anos, provavelmente a maioria de nós vai sentir algum estranhamento.

Há apenas duas gerações, era improvável imaginar determinados comportamentos em idades mais avançadas. Empreender em algum novo negócio, iniciar novo relacionamento afetivo, participar ativamente de grupos sociais, exercer atividades físicas, aprender novas habilidades não eram atitudes comumente relacionadas a essa etapa da vida. A invenção da terceira idade, para a antropóloga Guita Debert, reinventou a velhice.

Essa reinvenção implica, além dos aspectos culturais, a inclusão do processo de envelhecimento no centro das preocupações sociais. Entre elas, o surgimento de políticas públicas direcionadas aos mais velhos, a consolidação da ciência do envelhecimento – a gerontologia – e o aspecto econômico, que inclui a formação de novos mercados de consumo e de nova força de trabalho, novo capital social, para o qual é preciso repensar os modelos já estabelecidos e implementar mudanças que permitam o emprego desse novo capital no desenvolvimento da sociedade.

Novos pontos de vista para o mundo do trabalho

Mudança na estrutura social de tamanha magnitude implica em necessidades de adaptação em diferentes níveis da estrutura do trabalho.

Em um nível macro, é preciso considerar-se o papel do Estado no estabelecimento de condições mais flexíveis às relações de trabalho. Ainda que sem aprofundar as particularidades e implicações relativas a este nível, é necessário reconhecer a importância da legislação trabalhista e a rigidez nos modelos atuais de contratação, em paralelo à reforma do sistema previdenciário, como determinantes na composição das condições para o melhor aproveitamento do capital social formado pelo fenômeno do envelhecimento populacional.

Em um segundo nível, cabe às empresas desenvolver condições de inclusão dessa parcela da população em suas estratégias, não só como consumidores mas como força de trabalho. Isso inclui entender de forma ampla os impactos sociais da mudança demográfica, em relação à composição das famílias, às relações intergeracionais, ao potencial de aprendizado e às mudanças físicas e psíquicas pertinentes ao processo de envelhecimento, aspectos fundamentais para o estabelecimento de relações de trabalho efetivas e gratificantes.

O consultor britânico Dick Stroud, especialista no mercado da maturidade, aponta algumas vantagens competitivas relatadas por empresas que adotaram medidas de incentivo à contratação de funcionários mais velhos:

- sólida base de conhecimento formada pela soma de experiências e competências desenvolvidas ao longo dos anos;
- maior nível de comprometimento e menor rotatividade;
- maior flexibilidade em relação aos horários de trabalho e formas de pagamento;
- significativa melhoria nas habilidades de resolução de problemas e relações interpessoais;
- maior capacidade de empatizar com as necessidades e demandas dos consumidores mais velhos.

O consultor alerta, entretanto, que tais características não significam que os funcionários mais velhos são melhores que os mais novos. Ao contrário, ressalta que a diversidade nos quadros funcionais é característica que otimiza o potencial de desenvolvimento dos negócios e das pessoas na organização.

Como forma de alavancar o potencial de um ambiente diverso em relação à idade, o autor sugere que as empresas utilizem o que denominou "jornada do empregado". Recomenda que os contratantes considerem todos os pontos de contato de seus funcionários com a empresa para, de fato, implementarem condições inclusivas aos mais velhos. A estrutura física do espaço de trabalho, incluindo acessibilidade, sinalização e mobiliário ergonômico; a adequação dos tipos de função ao conjunto de habilidades e experiência; e os processos de aquisição de novas habilidades, incluindo treinamentos e sistemas de transferência de conhecimento são alguns desses aspectos. Reforça, ainda, a necessidade de se incorporar a cultura *age-friendly*, ou amiga dos idosos, na organização, já que as relações intergeracionais não são sempre naturalmente bem sucedidas, justamente em função do arraigado preconceito e estereotipagem dos mais velhos nas sociedades ocidentais.

Em um terceiro nível, sobre o qual podemos agir de maneira independente do governo e das empresas, é o nível individual.

Como já mencionado, as formas de viver os estágios mais avançados da vida são fruto de construção social, e não somente resultado do aspecto biológico do envelhecimento. Se nossas avós não podiam decidir divorciar-se ou fazer uma viagem com as amigas aos 60 anos e nós acreditamos que podemos, essa mudança não é certamente resultante de um fator biológico, mas sim cultural. Nesse sentido, uma primeira reflexão individual sobre os possíveis modos de atividade na velhice e quais são os pressupostos culturais que nos cercam.

As teorias clássicas do envelhecimento baseiam-se no paradigma do ciclo de vida, que pressupõe o desenvolvimento em três etapas: o crescimento, a culminância e a contração. Esta ideia está arraigada na nossa cultura desde a antiguidade e, talvez por isso, pareça tão natural o questionamento sobre quando vamos parar, em que momento vamos "pendurar a chuteira" e viver a velhice de forma passiva, cuidando apenas da própria sobrevivência, sem novos aprendizados, novas experiências, novas possibilidades.

A figura abaixo data do final do século XIX e nela vê-se claramente a ideia do ciclo de vida associada ao declínio de atividades nas etapas mais avançadas.

Life and age of man, print by Courrier & Ives,
between 1856 and 1907, LoC Washington

As teorias contemporâneas do envelhecimento, concebidas ao longo dos últimos 50 anos, desafiam esse paradigma e apontam para outro caminho. De acordo com o paradigma do desenvolvimento ao longo de toda a vida, a dinâmica entre os fatores biológicos e culturais muda no curso da vida e impacta a forma como envelhecemos.

Na infância, os aspectos biológicos são predominantes em nosso desenvolvimento, quando a ênfase está em nosso crescimento. O corpo está empenhando recursos para garantir o alcance da idade reprodutiva, fator determinante na manutenção da espécie. Na velhice, os fatores culturais ganham importância, já que se tornam mais necessários ao desenvolvimento contínuo, justamente porque os recursos biológicos são mais escassos. O modelo proposto por Baltes e Baltes em 1997 sugere um processo de seleção e otimização dos recursos internos (biológicos) e externos (culturais) ao longo da vida. Destaca entre os recursos pessoais e sociais as atitudes, os valores individuais, a rede de relações e o suporte social. Sendo assim, desenvolvemos capacidades seletivas de recursos culturais e sociais ao longo da vida e, durante o processo de envelhecimento, essa capacidade nos permite compensar as perdas biológicas.

Uma outra teoria contemporânea, denominada teoria da seletividade socioemocional, proposta em 1991, corrobora com a ideia de que nossas escolhas emocionais são mais seletivas durante o envelhecimento. Segundo esse paradigma, nos estágios mais avançados da vida damos preferência aos relacionamentos que têm mais chance de nos trazer conforto emocional. Nesse sentido, a redução dos contatos sociais ao longo do envelhecimento não é o resultado de perda de interesse pelas atividades sociais, mas de seleção ativa dos relacionamentos mais significativos. Esse processo nos permite otimizar o funcionamento cognitivo, afetivo e social. Em última instância, significa que indivíduos mais velhos são naturalmente mais capazes de calibrar a intensidade dos eventos integrando cognição e afetividade ou aquilo que comumente chamamos de razão e emoção.

Essas teorias nos ajudam a desmistificar alguns pressupostos importantes para uma reflexão mais ampla sobre nossas potencialidades de desenvolvimento durante o processo de envelhecimento. Se o contexto externo e estímulos a que nos expomos interferem diretamente em nossa cognição e aquisição de novas habilidades e se é nessa etapa da vida que dispomos de recursos emocionais para o estabelecimento de relacionamentos interpessoais mais equilibrados, essas parecem ser competências extremamente valiosas para o mundo do trabalho.

Parece haver aqui uma explicação bastante clara das vantagens percebidas pelas empresas que contratam funcionários mais velhos, relatadas por Dick Stroud – maior capacidade na resolução de problemas e relacionamentos interpessoais menos conflitivos, entre outras.

No nível individual, cabe refletir sobre como aliar essas capacidades ao enorme leque de oportunidades que compõem o novo cenário para o envelhecimento.

Com a amplificação das possibilidades socialmente aceitas e a disponibilidade de informação e aprendizado facilitada pelas tecnologias digitais, o aumento da expectativa de vida pode converter-se em um período de exploração de novas possibilidades, estabelecimento de relacionamentos mais efetivos, desenvolvimento de novos talentos e habilidades, produtividade e realização pessoal. É um bom sinal dos tempos.

Algumas barreiras precisam ser superadas

Além do preconceito, como disse a Juliana, percebo que muitos profissionais seniores, ainda demostram timidez em relação à utilização de computadores e tecnologias em geral. Essa limitação pode ser mais um dificultador no processo de recolocação para seniores atualmente. As próximas gerações envelhecerão com essa competência a bordo, pois já estão nesse mercado e para sobreviverem, hoje, também precisam estar atualizadas. Já existem programas governamentais que podem propiciar treinamento e desenvolvimento no uso dessas tecnologias. O Programa Via Rápida, do Governo do Estado de São Paulo, por exemplo, disponibiliza cursos gratuitos para pessoas desempregadas que queiram se capacitar em Informática, por exemplo. Há pré-requisitos como o ensino fundamental completo e o curso proporciona conhecimentos básicos de Informática, desenvolve habilidades na aplicação correta do sistema operacional Windows e dos programas que compõem o pacote Office. É o mínimo. Vale a pena investir nessas competências e buscar ingressar no universo digital, pois esse também é um lugar que só tende a crescer em oportunidades.

No sentido de aculturar seniores na utilização da tecnologia, grandes empresas já investem pesado em propaganda, visando apoiar e incentivar seniores na melhor utilização das tecnologias. Podemos destacar o Banco Itaú e a NET, que fazem campanhas contínuas nesse sentido.

Iniciativas no Brasil

Como a realidade é incontestável, já há empresas nascendo com o propósito de auxiliar a integração dos seniores no mercado de trabalho. É o caso do site MaturiJobs, que em seu propósito visa gerar oportunidades para as pessoas mais maduras poderem continuar trabalhando, aprendendo, ensinando, se motivando e inspirando. Para eles, essa atitude ajuda a promover a saúde e o bem-estar social. E eu concordo!

Eles acreditam que, incentivando o diálogo intergeracional, criam cultura que valorize a sabedoria de quem já tem uma longa história de vida e que é fundamental para quebrar o paradigma existente no mercado de trabalho, onde os mais velhos são vistos como obsoletos.

Bela iniciativa! Há empresas que divulgam vagas gratuitamente e possuem oportunidades para consultoria, estágio, horário flexível, meio período, período integral, temporário/pontual e voluntariado. Na minha percepção, entretanto, ainda faltam vagas menos operacionais. Seria interessante aproveitar melhor as experiências e todo capital social e intelectual dessa senioridade.

Concordo com Alexandre Kalache, quando menciona no prefácio do livro *Longevidade e Trabalho*, desta editora, que "o direito de trabalhar não deve significar o dever de trabalhar. Para muitos, sobretudo os menos favorecidos, que trabalharam por décadas em ocupações extenuantes e repetitivas, que pouca satisfação lhes deram, o discurso do *'envelhecimento produtivo'* deve ser temperado pelo direito que têm ao descanso, a parar, a serem protegidos". O assunto é tão relevante que a OMS – Organização Mundial da Saúde – já possui um documento – O Marco Político do Envelhecimento Ativo – que está sendo amplamente discutido.

Falta combinar com as empresas

Está tramitando um projeto de lei de 2016, do Deputado Pompeo de Mattos, que dispõe sobre a concessão de incentivo fiscal para as empresas que firmarem contratos de trabalho com idosos por mais de um ano. A Política Nacional do Idoso, estabelecida em 1997 – lei 8.842 e o Estatuto do Idoso, criado em 2003, apresentam um conjunto de normas legais para atender aos direitos sociais, garantir a autonomia, integração e participação efetiva dos idosos no mercado de trabalho, uma vez que as oportunidades são muito reduzidas.

Há empresas que já estão se manifestando nesse sentido, mas temos um longo caminho pela frente. Hoje ainda vejo o empreendedorismo como a melhor alternativa para os profissionais seniores que tenham a disponibilidade para levar à frente novos negócios, pensando em trabalho significativo e com potencial lucrativo e sustentável. Entretanto, as recomendações para se empreender, que já foram ditas neste livro, valem para os Superseniores®

Na minha avaliação, o momento atual e os próximos dez anos serão os mais difíceis, pois será a fase da ruptura dos padrões estabelecidos e das primeiras barreiras contra o preconceito. O mercado tende a se acomodar e a identificar as vantagens da incorporação dessa nova categoria de profissionais.

Planejamento financeiro

Quando se pensa em gestão da carreira, é fundamental incluir o planejamento financeiro, uma matéria que infelizmente ainda é pouco ensinada nas escolas aqui no Brasil, mas que vale para toda vida. É uma disciplina ministrada nos países mais desenvolvidos, com o objetivo principal de aumentar a qualidade de vida das pessoas, ajudando-as a lidar melhor com o dinheiro, isto é, a valorizar os recursos e a conhecer o funcionamento dos principais produtos financeiros disponíveis no mercado, além de contribuir na tomada de decisões, entre elas a compra de uma casa ou de um carro, realização gastos extras, pagamento de um curso, início de um negócio próprio ou a execução de um plano de aposentadoria.

Comentei ao longo do livro que, seja para mudar de carreira, de emprego ou para empreender, a reserva financeira muitas vezes será o divisor de águas ou, como ilustrei, influenciará entre ficar com o pé num barco ou efetivamente ter o impulso necessário para mudar de barco e não cair na água.

Muitos projetos são abortados pela falta de reserva financeira, e principalmente pela falta de planejamento financeiro. Em muitos casos, quando meu cliente já sabia o queria fazer da vida profissional, precisava ainda formar a reserva financeira ou tomar atitudes de maneira mais lenta, até conseguir, ao longo dos anos, o acúmulo necessário para realizar a transição com segurança.

Não sou especialista nesta área e por isso convidei a Denise Cavicchioli, *expert* em planejamento financeiro para contribuir com este capítulo do livro. Ela nos apontará aspectos fundamentais para que as suas finanças sejam aliadas em sua gestão de vida e carreira. O texto que se segue é dela.

A educação financeira é a base para o planejamento financeiro, que possibilita desde fazer escolhas inteligentes com o dinheiro que se ganha, a se livrar de dívidas, controlar melhor o orçamento doméstico e o consumo compulsivo. O planejamento nos permite arquitetar um projeto de vida que traga um futuro mais tranquilo e próspero com segurança e independência. O sucesso financeiro é também o suporte para o sucesso pessoal e profissional.

O planejamento financeiro é um processo racional de administrar a renda, as despesas, aquisições e os investimentos, com o objetivo de tornar realidade seus sonhos, desejos e objetivos, aproveitando ao máximo os rendimentos até atingir a independência financeira.

A maioria das pessoas pensa em planejamento somente como o corte das despesas, o que não é correto. Só este aspecto já pode representar uma mudança de paradigma.

A importância de elaborar um orçamento pessoal ou familiar

O início de qualquer planejamento deve ser a análise da situação atual. Analise quanto você ganha. De que forma? De uma única fonte ou mais? Já descontando o imposto de renda e outros, quanto chega líquido às suas mãos? Quanto você gasta? Em que? Com que frequência? O que é fixo e o que é variável? O que é essencial? O que pode ser **reavaliado, reduzido** ou **cortado**?

Há varias planilhas de controle de gastos oferecidas gratuitamente on-line. Minha sugestão/exemplo de planilha gratuita de monitoramento de gastos:

http://migre.me/kcWm6

A grande, e aparentemente simples, recomendação é: GASTE MENOS DO QUE GANHA E INVISTA A DIFERENÇA. Se não sobra dinheiro ou – ainda pior –, falta, um diagnóstico salta aos olhos: você está vivendo em um padrão de vida que não condiz com sua fase atual. Neste caso, é essencial que você reveja seu estilo de vida e se adapte ao que "cabe no seu bolso". E lembre-se de que esta adaptação não é definitiva. Você pode planejar para voltar ao estilo de vida que tinha ou para chegar ao que você realmente deseja.

Em relação ao gerenciamento do próprio dinheiro, alguns dizem preferir viver um dia após o outro, sem se preocupar em fazer planos. Agem dessa forma com o argumento de que a vida toma rumos muitas vezes inesperados e que o futuro nunca estará sob seu controle. Realmente, o futuro é repleto de incertezas, sendo que muitas delas estão além do nosso comando, mas é exatamente tal característica que faz do planejamento algo tão importante, pois possibilita que estejamos minimamente preparados para lidar com o inesperado.

O futuro reserva, a cada um de nós, tanto oportunidades quanto eventos ruins. Para nos protegermos das adversidades, devemos ter as bases da vida financeira bem contratadas:

- Seguro de vida
- Seguro ou plano de saúde
- Seguro de incapacidade profissional
- Reserva técnica (fundo de reserva).

O planejamento é importante, principalmente se você está em dúvida sobre sua carreira. Mas o ideal é que qualquer um de nós providencie essas proteções, independentemente do emprego no qual estamos. Isto nos dá liberdade de escolhas, ou seja, podemos analisar a atitude de trocar a atual colocação por uma nova, sem precisar levar em conta todos os benefícios que deixaremos para trás. Eles são nossos e não oferecidos pela empresa. Pense nisso!

Se não tivermos bases sólidas para nos proteger dos eventos ruins – e podemos incluir, nesse cenário, uma demissão, mudança de carreira ou abertura de negócio próprio –, corremos o risco de arruinar nossa vida financeira ou minar projetos futuros. Talvez não possamos prever o futuro, mas é possível estarmos prontos para imprevistos e, principalmente, para oportunidades que certamente surgirão em nossas vidas. Para isso você precisa:

- Dominar o orçamento pessoal ou familiar: quanto entra e quanto sai
- Verificar se está coerente com o padrão de vida que leva atualmente
- Analisar quanto sobra e o que está fazendo com esta sobra
- Analisar se as bases da vida financeira estão bem fundadas
- E, principalmente, perguntar se está mesmo disposto a mudar para alcançar o que realmente deseja.

Como saldar dívidas e evitá-las?

A Federação do Comércio de Bens, Serviços e Turismo do Estado de São Paulo(Fecomercio SP realizou a Pesquisa de Endividamento e Inadimplência do Consumidor(Peic) e, segundo ela, 21,8% dos paulistanos estavam com contas atrasadas em abril de 2014. Já no mês de março, o índice era de 18,5%. Foram os maiores percentuais desde 2007. Os consumidores compraram além da capacidade, nas liquidações de início de ano, e enfrentam dificuldade com as prestações. O cartão de crédito é o principal meio de aquisição de dívidas, usado por 76,2% dos paulistanos devedores. Em seguida vem o crédito pessoal, com 19,6%, e os carnês, com 15,2%.

Grande parte dos inadimplentes tem suas dívidas atreladas ao financiamento de veículos automotivos, que concentra 10,2% das pendências financeiras das famílias. Segundo a Fecomércio, o nível de inadimplência nessa modalidade de empréstimo é de 5,52%, o maior desde o início da série histórica do Banco Central, aberta em 2000.

Pelas pesquisas, aproximadamente ¾ das pessoas que contraem dívidas o fazem através do cartão de crédito. Ao mesmo tempo em trazem para o consumidor agilidade, comodidade, confiabilidade e segurança, também podem ocasionar vários problemas ao usuário, decorrentes, principalmente, de sua mal planejada utilização.

Os juros mensais de cartões de crédito são muito altos, entre nove por cento e 20% ao mês. O problema surge quando o consumidor, por necessidade ou falta de conhecimento, passa a utilizar o crédito disponibilizado no cartão como se fosse parte de seus rendimentos, atrasando o pagamento ou pagando somente o valor mínimo da fatura de gastos. Caso os gastos não sejam quitados no vencimento, você poderá enfrentar um problema sério, pois a dívida não para de aumentar, transformando consumidores endividados em verdadeiros escravos das administradoras dos cartões de crédito, comprometendo seus salários e prejudicando o sustendo de suas famílias.

Há muitos casos de pessoas que perdem os bens, inclusive a própria residência, em função das dívidas que, com o tempo, vão se tornando eternas e impagáveis. Nestes casos, há cobrança de juros sobre juros ou contagem de juros capitalizados mensalmente, algo que é proibido por lei em matéria de consumidor, mas que infelizmente é tolerado pelo Poder Judiciário no Brasil. Assim, a melhor maneira para o consumidor se proteger deste problema é fazer o uso consciente do cartão de crédito, evitando a formação de saldo devedor, o qual acumulará juros em pouco tempo.

Para o caso de consumidores que perdem o controle, a medida deve ser mais radical: pedir o cancelamento do cartão, mesmo havendo dívidas, já que o consumidor não é obrigado a ficar atrelado a um contrato que só o está prejudicando. O consumidor pode ingressar com a chamada ação revisional de contrato. Isso porque, em muitos estados brasileiros, há juízes que entendem que os juros cobrados nestes contratos são abusivos, já que a cobrança de juros capitalizados mensalmente é ilegal.

E se você já tiver uma dívida constituída? Por onde começar?

A melhor maneira de sair da situação é assumir que você se encontra nessa situação!

É importante frisar isso, pois pessoas endividadas normalmente não querem fazer as contas para não se assustarem com a realidade – assim como a pessoa que tem suspeita de uma doença grave não quer ir ao médico com medo de que a doença venha a confirmar-se. Depois de assumir que a questão é real e precisa ser resolvida, a primeira atitude a tomar é buscar saber qual a taxa de juros que está sendo cobrada pela sua dívida.

Sugestão/exemplo de uma planilha para verificar se os juros que você está pagando podem ou devem ser renegociados:
http://migre.me/kcYCt

Se os juros cobrados estiverem acima do mercado, pesquise onde você pode fazer um empréstimo no valor da dívida, com juros menores do que você está pagando hoje.

Quando se pensa em planejamento financeiro, quitar uma dívida está no mesmo grau de importância de contratar as bases de sua vida financeira:os seguros.

Devido à grandeza dos juros cobrados, em qualquer que seja o investimento, sua rentabilidade não vai estar nem próxima das taxas de juros. Assim, antes de iniciar um investimento, tanto para efetuar uma compra futura como para constituir um fundo para sua independência financeira, você deve se concentrar em encerrar suas dívidas. E, a partir de hoje, evitá-las com todas as suas forças!

Como fugir das armadilhas do consumo

"Consumismo é o ato de comprar o que você não precisa, com o dinheiro que você não tem, para impressionar pessoas que você não conhece, a fim de tentar ser uma pessoa que você não é." Esta frase é creditada ao diretor Chuck Palahniuk, e foi dita pelo personagem Tyler Durden, do filme *O Clube da Luta*. E, muitas vezes, é assim mesmo que agimos diante de algumas frustrações e dificuldades no dia a dia e ainda utilizando como desculpa o famoso "eu mereço!". É mesmo um desafio muito grande resistir as tentações do consumo:

1. Compramos mais do que precisamos. Profissionais de vendas são treinados para fazer com que compremos mais do que precisamos
2. A mídia, anunciando produtos a prazo, nos estimula a comprar mais
3. Em nossa cultura somos julgados pelo que temos e não pelo que somos.

Aqui vai uma grande sugestão: não gaste o seu tempo olhando lojas. Explico: muita gente adora gastar o tempo livre passeando pelas lojas. E quando as pessoas estão nesse tipo de situação, raramente conseguem resistir e sair de um shopping ou de uma loja sem uma ou duas sacolas. As vitrines são lindas, recheadas de coisas feitas para serem atraentes. Mas isso não significa que você precise delas.

Nessas horas em que compramos coisas por impulso e pelo simples ato de comprar, na maioria das vezes levamos para casa coisas sem necessidade e que provavelmente serão descartadas rapidamente.

Quer passear? Que tal outro lugar onde não exista a pressão de compra? Vá a uma praça, um parque, um museu ou mesmo a um restaurante ou cinema. O ideal é que as pessoas encontrem formas mais agradáveis de passar o tempo.

Algumas dicas para você reduzir o consumo e seguir a nova máxima é conseguir mais com menos:

A. Pense três vezes antes de comprar: Eu preciso? Eu realmente gosto? Serve para mim neste momento?
B. Prefira comprar coisas duráveis. Podem custar um pouco mais agora, mas não irão para o lixo tão cedo.
C. No caso de roupas e peças de decoração, procure comprar produtos neutros, básicos e versáteis, dos quais você não vai enjoar logo. Para personalizar, use objetos e acessórios diferentes e coloridos que você poderá trocar de vez em quando. Isso faz seu guarda-roupa, ou a decoração de sua casa, se tornar muito mais eficiente com menos.
D. Passei mais nos parques e nas praças da cidade, e menos nos shoppings
E. Assista menos televisão. Quanto mais você se expuser a propagandas, mais vai ter a falsa impressão de que precisa de coisas novas
F. Consuma mais serviços e menos produtos
G. Adote ações de consumo colaborativo, troca e reuso
H. Faz parte da natureza humana querer renovar, e isso expressa-se na vontade de ter roupas e objetos novos. Em vez de comprá-los, que tal dar uma repaginada nas suas próprias coisas?

Usando os juros ao nosso favor e não contra

Vamos iniciar este tópico com um exemplo prático: supomos que você queira comprar um carro novo. Você constatou na concessionária que ele custa R$ 38 mil à vista ou 60 parcelas mensais de R$ 1.090 (juros de 1,99% ao mês).

Ressaltemos que 60 x R$ 1.090 são R$ 65.400.

Se você hoje resolvesse aplicar R$ 1.090 por mês, a uma taxa de rentabilidade de 0,8% mensal, em 31 meses já teria R$ 38 mil. Daria para comprar o carro à vista.

Ressaltemos que 31 x R$ 1.090 são R$ 33.790.

Neste exemplo fica claro o preço que pagamos pelo imediatismo. Se planejarmos, teremos os mesmos bens que (verdadeiramente) desejamos e sobrará dinheiro para realização de outras metas.

Sugestão de planilha de cálculo do valor dos juros a serem pagos:

http://migre.me/kcZme

Mas o nosso tema aqui é outro: juros ao nosso favor e não contra. Pensemos na hipótese de que a pessoa que estava querendo comprar o carro sairá do emprego daqui a dez meses e analisemos dois cenários:

A pessoa fez o financiamento de 60 meses (e já está de carro novo). Daqui a dez meses, se quitou todas as parcelas até lá, estará com uma dívida de 50 parcelas de R$ 1.090,00

A pessoa resolveu investir e esperar juntar o dinheiro para trocar de carro (está com o carro que comprou há alguns anos). Daqui a dez meses, se poupou os R$ 1.090,00 regularmente, terá R$ 11.300,00

Em sua opinião, quem estará sofrendo mais com a saída do emprego? E quem terá mais opções para escolher uma nova colocação? Quem estará com mais saúde, em todos os sentidos?

Quando se fala em motivação, o que é mais motivador para você?

- Poupar para pagar suas dívidas?
- Poupar para adquirir um bem que você deseja muito?

Dificilmente alguém se motiva por pagar uma dívida. A motivação, sem dúvida, é poupar para depois gastar. E se a motivação é maior, a chance de sucesso também!

Faço agora um convite à reflexão.

Você deseja ter liberdade de escolhas, opções de caminhos a serem trilhados conforme vai ampliando seus horizontes, aumentando seu autoconhecimento, vendo com mais clareza seus objetivos? Se sua resposta for sim, podemos utilizar este simples exemplo prático citado anteriormente.

Cada vez que você contrai uma dívida, usa os juros contra vocêe, ao mesmo tempo, está colocando pesos em suas pernas, tirando de si a liberdade de escolhas.

Por outro lado, quando inicia uma poupança com um objetivo de adquirir algo, você abre o leque de opções e pode, ao final do período determinado, adquirir aquele bem que desejava. Mas também poderá, com o valor acumulado, mudar de ideia e destinar o montante a outro objetivo. E pode ainda ter um colchão de segurança a mais, no caso de uma eventualidade negativa ou no caso de desejar fazer uma escolha diferente em sua vida profissional.

Lembre-se do cliente citado pela Adriana, um exemplo de pessoa insatisfeita com o que faz: ele teve que ficar por mais alguns anos na empresa onde trabalhava para fazer uma reserva financeira antes de mudar de carreira.

Assim, creio que a melhor recomendação que podemos fazer a respeito de planejamento financeiro é que, se você ainda não começou, comece agora. Trace objetivos de curto, médio e longo prazos e estabeleça as estratégias para chegar lá.

Planejando sua independência financeira

Falamos sobre ter consciência de sua vida financeira atual, de comportamento financeiro, e de poupar para uma aquisição específica ou para ter liberdade de escolhas. Não quero deixar de ressaltar também a questão da independência financeira.

O que é ser independente financeiramente? É ter um patrimônio tal que, apenas com o rendimento dele, livre de impostos e inflação, você possa manter o estilo de vida que deseja. Esta é a verdadeira independência.

Independente, financeiramente, você irá trabalhar, não mais pela necessidade da renda do trabalho, e sim pelo prazer vindo daquela atividade ou dos resultados que ela lhe traz.

Podemos (e devemos) nos planejar para atingirmos nossa independência financeira. O ideal é separarmos um percentual para direcionar ao nosso longo prazo desde o nosso primeiro ganho proveniente do nosso trabalho. E usarmos os juros ao nosso favor!

Para este longo prazo, podemos ser mais ousados, escapando de ativos de renda fixa, almejando maior rentabilidade. O dinheiro terá tempo para trabalhar para nós.

Faça suas contas. Com que idade deseja ter sua independência financeira? Quantos anos faltam para chegar lá? Tomando como base os gastos e o estilo de vida que você tem hoje, qual a renda mensal que lhe trará independência financeira no futuro? Com que percentual de rentabilidade você pode contar, já descontados impostos e inflação? A partir destes parâmetros, calcule o montante que você deverá ter para ser independente. E este será o seu número-alvo.

Por exemplo, se você quer viver com R$ dez mil por mês– aos valores de hoje, ou seja, vamos excluir a inflação de nossas contas –, equivalem a uma rentabilidade de 0,5% ao mês, acima da inflação e descontados impostos, o valor do montante total é de R$ dois milhões. Neste caso, é este o seu número-alvo.

Agora, vamos calcular quanto você deve investir mensalmente para atingir o seu número. Ainda neste exemplo, vamos supor que você quer ser independente financeiramente daqui a 35 anos. Para acumular R$ dois milhões daqui a 35 anos, a 0,65% ao mês de rentabilidade, você deve poupar R$ 916 por mês a partir de hoje.

Lembro que todos os cálculos acima estão desconsiderando a inflação. Ou seja, você deverá corrigir os aportes mensais, conforme a inflação, para chegar ao mesmo poder de compra que os R$ dez mil desejados têm hoje.

Planejar é necessário para a gestão da vida e da carreira e essas orientações são fundamentais para que os projetos pessoais e profissionais possam ser levados a cabo.

Vale levar em consideração que os números apresentados pela Denise são apenas exemplos, mas você pode começar a poupar valores menores e proporcionais aos seus ganhos, visando a sua independência financeira. Sempre digo aos meus clientes que, quanto menos eles dependerem dos seus empregadores financeiramente, mais autonomia e independência terão para fazer suas escolhas.

Sim, certamente existirá uma fase na sua vida em que terá que trabalhar muito para conseguir dar os primeiros passos nessa direção, mas quando se tem consciência desse propósito, os "sacrifícios" são válidos.

Em nenhum momento digo que processos de mudança são simples ou fáceis, mas que são possíveis. Para se atingir esses objetivos, é preciso muita objetividade, coragem, persistência e determinação, além de um bom plano de ação e reserva financeira.

Mãos à obra! Não estou mais perdido.

Esta é a frase que eu, Adriana, gostaria de escutar de você, leitor. Chegamos ao fim deste livro com a expectativa de que as orientações, histórias de vida e os exemplos que trouxemos para esta leitura possam deixá-lo mais confortável para que você busque e encontre o seu caminho.

Apresentei algumas alternativas e possibilidades com o objetivo de que você possa analisar a sua história, refletir e identificar razões ou atitudes que fazem com que você se sinta perdido. Com este material em mãos, espero que consiga traçar seus projetos e realizá-los. Nem sempre as respostas são simples ou fáceis, mas mudar é possível. É preciso ter a coragem e persistência.

A satisfação alcançada pelos que conseguiram fazer a mudança é tangível e reforça a ideia de que trabalhar em alguma atividade satisfatória e alinhada às crenças e aos valores transforma a atividade profissional numa experiência enriquecedora e significativa para a vida. Vale a pena investir nisso!

Boa sorte!

Anexo

Lista de valores

Experiência	*Perícia*	*Exploração*	*Expressividade*
Extravagância	*Extroversão*	*Exuberância*	*Justiça*
Fé	*Fama*	*Família*	*Fascinação*
Moda	*Destemor*	*Fidelidade*	*Independência financeira*
Firmeza	*Fitness*	*Flexibilidade*	*Fluência*
Foco	*Fortaleza*	*Abertura*	*Liberdade*
Amizade	*Amizade*	*Frugalidade*	*Diversão*
Bravura	*Generosidade*	*Nobreza*	*Graça*
Gratidão	*Crescimento*	*Felicidade*	*Harmonia*
Saúde	*Utilidade*	*Heroísmo*	*Santidade*
Honestidade	*Honra*	*Otimismo*	*Hospitalidade*
Humildade	*Humor*	*Higiene*	*Imaginação*
Impacto	*Imparcialidade*	*Independência*	*Individualidade*
Influência	*Inteligência*	*Curiosidade*	*Introspecção*
Inspiração	*Integridade*	*Intelecto*	*Inteligência*
Intensidade	*Privacidade*	*Destemor*	*Introversão*
Intuição	*Inventividade*	*Investir*	*Participação*
Alegria	*A nitidez*	*Bondade*	*Conhecimento*
Chefia	*Aprendizagem*	*Liberdade*	*Leveza*
Lealdade	*Majestade*	*Fazendo a diferença*	*Casamento*
Maestria	*Maturidade*	*Significado*	*Mansidão*

Suavidade	Meticulosidade	Modéstia	Motivação
Mistério	Natureza	Asseio	Nervo
Obediência	Mente aberta	Otimismo	Ordem
Organização	Originalidade	Ao ar livre	Extravagância
Associação	Paciência	Paixão	Paz
Acuidade	Perfeição	Perseverança	Persistência
Prazer	Equilíbrio	Popularidade	Poder
Aspecto prático	Pragmatismo	Precisão	Preparação
Presença	Orgulho	Privacidade	Proatividade
Profissionalismo	Resistência	Resolução	Resolver
Inventividade	Respeito	Responsabilidade	Restrição
Reverência	Riqueza	Rigor	Santidade
Sacrifício	Sagacidade	Santidade	Consanguinidade
Satisfação	Ciência	Segurança	Autodomínio
Desinteresse	Autoconfiança	Dignidade	Sensibilidade
Sensualidade	Serenidade	Serviço	Sensualidade
Sexualidade	Ação	Astúcia	Significado
Silêncio	Simplicidade	Sinceridade	Capacidade
Solidariedade	Solidão	Sofisticação	Solvência
Acelerar	Espírito	Espiritualidade	Espontaneidade
Estabilidade	Estado	Discrição	Quietude
Força	Estrutura	Sucesso	Apoio
Supremacia	Surpresa	Simpatia	Ensino
Trabalho em equipe	Temperança	Gratidão	Profundidade
Consideração	Economia	Limpeza	Oportunidade
Tradicionalismo	Tranquilidade	Transcendência	Confiança
Integridade	Verdade	Compreensão	Unicidade

Unidade	Utilidade	Utilidade	Valor
Variedade	Vitória	Vigor	Virtude
Vista	Vitalidade	Vivacidade	Voluntariado
Calor	Vigilância	Riqueza	Obstinação
Vencer	Sabedoria	Graça	Dignidade
Juventude	Zelo	Amor	Amabilidade
Autoestima	Caráter	Compaixão	Compreensão
Comprometer-se	Cooperação	Esperança	Ética
Força Interior	Fraternidade	Honestidade	Humildade
Igualdade	Justiça	Lealdade	Liberdade
Não discriminação	Não Julgar	Não Violência	Paz
Perdão	Perseverança	Respeito	Responsabilidade Social
Responsabilidade	Riqueza interior e exterior	Sinceridade	Verdade
Solidariedade	Tolerância		

Bibliografia

Academia Brasileira de Coaching – http://www.abracoaching.com.br/coaching--conceito/ acessado em 16/05/2014.

Ansiedade – O mal do Século XXI – http://www.dda-deficitdeatencao.com.br/midia/ansiedade-mal-seculo-21.html – acessado em 18/05/2014.

Assédio Moral no Trabalho http://www.assediomoral.org/

Brasil concedeu 73 mil vistos de trabalho a estrangeiros em 2012 Este é o cache do Google de http://portal.mte.gov.br/imprensa/brasil-concedeu-73-mil--vistos-de-trabalho-a-estrangeiros-em-2012.htm. Ele é um instantâneo da página com a aparência que ela tinha em 15 maio 2014 14:09:05 GMT.

CBO – Classificação Brasileira de Ocupações – http://www.mtecbo.gov.br/cbosite/pages/informacoesGerais.jsf acessado em 13/02/2014 20:10 h.

COELHO, Edmundo Campos. **As Profissões Imperiais:** Medicina, Engenharia e Advocacia no RJ 1822-1930. Rio de Janeiro. Record, 1999.

Curso de matemática com 44% de evasão – dado de 2005 http://www.scielo.br/pdf/cp/v37n132/a0737132.pdf

DEBERT, Guita G. *A reinvenção da velhice*. São Paulo: EDUSP, 2012.

DEJOURS, C. *A Loucura do Trabalho* – Estudo de psicopatologia do trabalho 5ª edição ampliada – São Paulo, Cortez – Oboré, 1992.

Dicas de Como Fazer um Networking Vencedor http://www.administradores.com.br/noticias/carreira/20-dicas-de-como-fazer-um-networking-vencedor/46888/ acessado em 9/03/2014.

DILTS R. Hallbom T. e Smith S. Crenças Caminho para a Saúde e o Bem-Estar, São Paulo, Summus, 1993. Lista de valores http://www.cualessonlosvalores.com/2012/12/lista-de-valores/

DOENÇAS RELACIONADAS AO TRABALHO – Manual de Procedimentos para os Serviços de Saúde – Série A. Normas e Manuais Técnicos; n. 114 - Brasília/DF – Brasil 2001 – http://dtr2001.saude.gov.br/editora/produtos/livros/pdf/02–0388–M1.pdf acessado em 01/06/2014

Earl Nightingale – "The Strangest Secret" ttps://www.youtube.com/watch?v=8IOsTFspfqM

Empreendedorismo – Wikipedia.

Envelhecimento da força de trabalho no Brasil – Como as empresas estão se preparando para conviver com equipes, que, em 2040 serão compostas principalmente por profissionais com mais de 45 anos. PWC em parceria com a EAESO-FGV, apoio Fiesp, Sesi, Amcham – março 2013.

Envelhecimento da Força de Trabalho no Brasil https://www.pwc.com.br/pt/publicacoes/servicos/assets/consultoria-negocios/pesq-env-pwc-fgv-13e.pdf, acessado em 25-09-2016.

Experiência para dar e vender. Revista Administrador Profissional, CRA – Conselho Regional de Administração de São Paulo, Fevereiro/2016, ano 39, nº 356

Experiência para dar e vender. Revista Administrador Profissional, CRA – Conselho Regional de Administração de São Paulo, Fevereiro/2016, ano 39 nº 356.

FANTINO, A.M.C. *Um Aspecto Social da Orientação Vocacional: Prestigio e Escolha de Cursos.* In BOHOSLAVSKY, R (org.) *Vocacional, Teoria, Técnica e Ideologia*, São Paulo: Cortez, 1983 a.

File:///C:/Users/User/Downloads/apresentacao–seres–foz–iguacu.pdf

FILGUEIRAS, Julio Cesar; HIPPERT, Maria Isabel Steinherz. *A Polêmica em Torno do Conceito de Estresse.* Psicol. cienc. prof., Brasília , v. 19, n. 3, 1999. Available from <http://www.scielo.br/scielo.php?script=sci–arttext&pid=S1414-98931999000300005&lng=en&nrm=iso>. access on 01 June 2014. http://dx.doi.org/10.1590/S1414-98931999000300005.

FRANK, Jean and LANDEIRA-FERNANDEZ, J. *Rememoração, Subjetividade e as Bases Neurais da Memória Autobiográfica. Psicologia Clínica.* [online]. 2006, vol.18, n.1, pp. 35-47. ISSN 0103-5665. http://dx.doi.org/10.1590/S0103-56652006000100004.

GIANETTI, E. *Autoengano*, São Paulo, Companhia das Letras, 1997.

Guia do estudante – http://guiadoestudante.abril.com.br/home/

GOMES, Adriana. *Mudança de Carreira e Transformação da Identidade.* São Paulo, LCTE, 2008.

HERZBERG, Frederick – *One More Time How Do You Motivate Employees?* http://jakehuber.files.wordpress.com/2013/01/2-one-more-time-how-do-you-motivate-employees.pdf acessado em 16/05/2014

http://www.abracoaching.com.br

http://www.record.com.br/autor–entrevista.asp?id–autor=2509&id–entrevista=205

https://emec.mec.gov.br/ies/ e.Mec site do MEC

Instituto Empreender Endeavor – http://www.endeavor.org.br/

KRZNARIC, R. *Como Encontrar o Trabalho da sua Vida*, Rio de Janeiro, Objetiva, 2012.

LE BOM, Gustave. As Opiniões e as Crenças, http://www.ebooksbrasil.org/eLibris/lebon.html#lici1 acessado em 10/fevereiro de 2014.

MACIOCIA, Giovanni. *Fundamentos da Medicina Chinesa.* São Paulo: Rocca, 1996.

MASLOW, Abraham H – *A Theory of Human Motivation* – https://docs.google.com/a/vidaecarreira.com.br/file/d/0B-5-JeCa2Z7hNjZlNDNhOTEtM-

WNkYi00YmFhLWI3YjUtMDEyMDJkZDExNWRm/edit acessado em 16/05/2014

Ministério da Previdência Social – www.previdencia.gov.br/estatisticas/menu-de--apoio-estatisticas-seguranca-e-saude-ocupacional-tabelasA

MOREIRA, M. D. & Mello Filho, J. de. (1992). *Psicoimunologia Hoje*. In: Mello Filho, j. de. (org.). *Psicossomática hoje*. Porto Alegre: Artes Médicas.

O Envelhecimento da Força de Trabalho Brasileira, http://www.portaleducacao.com.br/administracao/artigos/65529/o-envelhecimento-da-forca-de-trabalho-brasileira, acessado em 25-09-2016.

O que é consultor de carreira? http://www.administradores.com.br/noticias/carreira/o-que-e-consultor-de-carreira/33494/ acessado em 16/05/2014.

ONU – *La dinámica del deterioro social en América Latina y el Caribe en los años ochenta"* – San José da Costa Rica – 1989.

Os segredos de quem é feliz no trabalho – http://www.istoe.com.br/reportagens/170174--OS+SEGREDOS+DE+QUEM+E+FELIZ+NO+TRABALHO?pathImagens=&path=&actualArea=internalPage%20 N° Edição: 2189 I 21.Out.11 – 21:00 I Atualizado em 16.Mai.14 – 14:23.

PALMORE, Erdman. *Ageism: negative and positive*. New York: Springer Publishing Company, 1999.

PEIC (Pesquisa de Endividamento e Inadimplência do Consumidor) da Fecomércio SP (Federação do Comercio de Bens, Serviços e Turismo do Estado de São Paulo) – 2014.

Revista de Economia Política, vol. 4, nº 4, outubro-dezembro, 1984.

Revista Você S/A – *Adeus trabalho chato*. 18 de junho de 2012. Edição 168.

Robbins, S.P, DeCenzo,D.A. e Wolter, R. *Fundamentos de Gestão de Pessoas*. São Paulo: Saraiva, 2013.

ROSS, Jeremy – *Combinação dos Pontos de Acupuntura: A Chave para o Êxito Clínico* – São Paulo: Rocca, 2003.

São Paulo lidera o ranking de afastamentos por depressão no trabalho – Segunda-feira, 17 de março de 2014 – 07h18 – http://www.atribuna.com.br/economia/s%C3%A3o-paulo-lidera-o-ranking-de-afastamentos-por-depress%C3%A3o-no-trabalho-1.371262 acessado em 01/06/2014.

SCHEIN, E. *Identidade Profissional*. São Paulo: Nobel, 1996.

Seja feliz no trabalho – http://ismabr.blogspot.com.br/2011/10/seja-feliz-no-trabalho.html – http://www.ismabrasil.com.br/ terça-feira, 25 de outubro de 2011 – acessado em 16/05/2014.

SPECTOR, P. E. *Psicologia nas Organizações*. São Paulo, Saraiva, 2002.

STROUD, Dick. e WALKER, Kim. *Marketing to the ageing consumer: the secrets to building an age-friendly business*. New York: Palgrave Mcmillan, 2013.

TAVARES, Márcia F. *Trabalho e Longevidade: Como o novo regime demográfico vai mudar a gestão de pessoas e a organização do trabalho*, Qualitymark Editora, Rio de Janeiro, 2015.

TEIXEIRA, L C. Escrita autobiográfica e construção subjetiva – Psicol. USP vol.14 nº.1 São Paulo 2003 http://www.scielo.br/scielo.php?pid=S0103--65642003000100004&script=sci–arttext

THANE, Pat (org.). *The long history of old age*. London: Thames & Hudson, 2005.

Trabalho e maturidade: Oportunidades para pessoas 50+ – MaturiJobs – www.maturijobs.com/.

Valor Econômico – Empresa de tendências indica as 20 profissões do futuro http://www.valor.com.br/carreira/3278798/empresa-de-tendencias-indica-20-profissoes-do-futuro acessado em 22/09/2013 às 15h21.

"O que me surpreende é o fato de que, em nossa sociedade, a arte tenha se transformado em algo relacionado apenas a objetos e não a indivíduos ou à vida; que a arte seja algo espacializado ou feito por especialistas que são artistas.

Entretanto, não poderia a vida de todos se transformar numa obra de arte?

Por que deveria uma lâmpada ou uma casa ser objeto de arte e não a nossa vida?"

Michel Foucalt

Entre em sintonia com o mundo

Qualitymark Editora Ltda.
Rua Teixeira Júnior, 441 - São Cristóvão
20921-405 - Rio de Janeiro - RJ
Tel.: (21) 3295-9800
Fax: (21) 3295-9824
www.qualitymark.com.br
E-mail: quality@qualitymark.com.br

Dados Técnicos:

• Formato:	14 x 21 cm
• Mancha:	11 x 18 cm
• Fonte:	Optima
• Corpo:	11
• Entrelinha:	13
• Total de Páginas:	208
• 1ª Edição:	2014
• 2ª Edição:	2017